청소년을 위한 #해시태그

한국 독립운동사

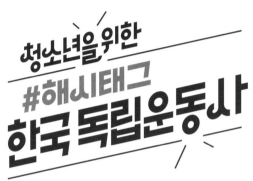

청소년을 위한
#해시태그
한국 독립운동사

조한성 지음

생각
학교

차례

1부 절망 1905~1910

일제의 무차별 침략, 나라가 망해가던 그때

거대한 들불 1920~1930
4부

농민과 노동자, 그리고 학생까지 들고일어나다

5부 최후의 결전 1930~1945
모두가 하나 되어 만든 그날

역사 공부가
이렇게 재미있을 수 있다니!

언제부터인지 역사는 학생들이 가장 어려워하는 대표적인 과목이 됐어요. 아마도 최근 학생들의 한자어 어휘력이 많이 떨어진 것도 이유 중 하나인 듯해요. 역사 과목에는 일상생활에서 잘 쓰지 않는 한자어들이 많이 나오는데, 그 단어들의 뜻을 잘 모르다 보니 전체적으로 내용을 이해하기가 힘든 거죠.

역사 과목이 가지고 있는 기본적인 문제도 있어요. 역사를 공부하다 보면 외워야 할 인물도 많고, 원인과 결과를 구분해 익혀야 할 사건도 많죠. 그 인물과 사건이 시간에 따라 어떻게 변했는지도 알아야 하고요. 시험을 앞두고 공부하다 보면, 조금 암기해보다가 포기하고 마는 학생들도 적지 않을 거예요. 내용을 제대로 이해하지 못하면 잘 외워지지도 않으니까요.

소설과 역사의 같은 점, 다른 점

이렇게 어려운 역사, 쉽게 공부할 수는 없을까요? 다행히 있답니다. '이야기'로 접근하는 방법을 추천하고 싶어요. 무조건 외워야 할 과거가 아니라 '옛날에 살았던 사람들의 생생한 이야기'로 배우는 거죠. 어린 시절 엄마나 아빠가 들려주던 옛날이야기처럼 생각하면서 역사를 공부하면, 재미도 있고 기억에도 오래 남습니다.

사실 이것은 아무도 모르는 '특급 비법'은 아니에요. 예전부터 잘 알려진 방법이죠. 역사를 잘 가르치는 선생님은 이미 학교에서 옛날이야기를 들려주듯 역사를 알려주고 계실 거예요. 그런데 너무 당연한 방법이어서일까요? 아니면 효율성이 떨어진다고 생각해서일까요? 역사를 '이야기'가 아닌 '지식'으로 접근하는 경우가 참 많은 것 같습니다.

역사는 국어 과목에서 배우는 소설과 아주 많이 닮아 있어요. 역사와 문학이 모두 인문학에 속하는 이유가 이 때문이죠. 대개 소설에는 위기에 처한 주인공이 나와요. 주인공은 위기나 역경으로 인해 돌아오지 못할 다리를 건너게 되곤 하죠. 하지만 용기와 의지로 자기 앞에 닥친 일들을 차례차례 헤쳐나가며, 결국 위기를 극복해내요.

역사도 마찬가지랍니다. 다양한 위기에 처한 인물들이 등장하고, 그들은 위기에서 벗어나기 위해 여러 선택과 행동을 거듭하며 마침내 고난을 이겨내죠. 그럼 역사가 소설과 다른 점은 뭘까요? 소설은 '가상의 인물이 겪는 꾸며낸 이야기'라면, 역사는 '실존했던 인물이 실제로 겪은 사건'이라는 점이에요.

그런데 왜 소설은 흥미진진한 반면, 역사는 어렵고 지루하게만 느껴지는 걸까요? 아마도 대부분의 역사책에서 인물과 사건을 무미건조하게 '설명'하고만 있어서 그런 게 아닐까 싶어요. 해당 인물이 실제로 심장이 뛰고 뜨거운 피로 들끓었던 사람이라는 사실을 느끼기가 쉽지 않은 거죠. 그러니 재미도 감동도 얻기가 힘들고요. 역사를 '과거에 살았던 사람들의 이야기' '옛날이야기'로 배워야 하는 이유가 바로 여기에 있어요. 그냥 책에 기록된 지식이 아니라, 지금 우리들처럼 고민하고 어려움을 겪고 그럼에도 이겨내고자 노력했던 실제 사람들의 이야기로 생각해보면, 좀더 생생히 와닿지 않을까요?

이름도 사건도 복잡한 '한국 독립운동사'

이 책은 우리나라가 일본의 침략을 받아 국권을 잃고 나라를 빼앗기게 되었을 때의 이야기를 담고 있어요. 우리 역사 중에서도 가장 많은 인물과 단체, 사건이 등장하는 복잡성으로 악명이 높은 '한국 독립운동의 역사'를 다루고 있죠.

어떤 학생들은 이렇게 말하기도 해요. '독립운동을 왜 그렇게 많이 해서 우리를 괴롭히냐'고요. 맞아요. 우리 민족은 정말 끊임없이 독립운동을 계속했어요. 세계 역사상 이런 역사를 가진 민족이 없다고 해도 될 정도죠. 그럼 우리나라 사람들이 독립운동을 이토록 많이 한 이유는 무엇일까요?

우리나라는 수천 년의 역사와 문화를 가지고 있는 나라예요. 역사가 흘러오는 동안 우리는 언제나 앞서나가며 일본에 선진 문물을 전해주었죠. 상황이 뒤바뀐 건 근대 이후예요. 우리보다 먼저 서양의 선진 문물을 받아들인 일본이 근대화에 성공한 거죠. 그리고 곧바로 우리나라를 침략해서 식민지로 만들었어요.

그것은 절대 참을 수 없는 일이었어요. 우리 민족의 자부심을 송두리째 뒤흔드는 것이었으니까요. 게다가 일본은 우리를 통치할 만큼 충분한 능력을 갖고 있지 않았어요. 정치·경제적으로도 그렇고, 사회·문화적으로도 그랬죠. 능력은 부족한데 규모가 큰 식민지를 통치하려다 보니 일본은 강압적인 수단을 앞세울 수밖에 없었어요. 경찰과 군대가 그것이었죠.

일본은 자기들만큼 문명화된 우리 민족을 다스리기 위해 민족 차별을 앞세웠어요. 무시하고 차별하면서 자기들보다 부족한 존재로 만들어, 자신들 위로 올라오지 못하게 하려는 심산이었죠. 이것이 우리를 참을 수 없게 만들었어요. 하루하루의 일상에서 반복된 차별과 멸시가 광범위한 분노와 저항을 불러일으켰죠. 이것이 바로 우리나라 사람들이 끊임없이 독립운동을 한 이유예요.

생생한 이야기로 배우는 역사

이 책은 복잡하기로 유명한 '한국 독립운동의 역사'를 이야기 형식으로 최대한 알기 쉽게 썼습니다. 이야기를 따라 읽다 보면 복잡한 사건이 어떤 순서로 진행되었는지, 수많은 인물들이 서로 어떤 관계에서 움직였는지 자연스레 이해할 수 있을 거예요. 어려운 한자어는 과감히 뺐어요. 인물과 단체 이름도 꼭 필요한 것만 넣었고요. 사건도 이해하기 쉽게 최대한 시간순으로 정리했어요.

학교에서 역사 교사로 일하는 아내가 원고를 꼼꼼히 읽은 후 부족한 설명을 지적해주었고, 중2인 아들은 어려운 단어를 일일이 체크해주었어요. 또 출판사의 편집자들이 몇 차례에 걸쳐 꼼꼼히 교정해주면서 책의 전체적인 모양을 잡아주었고요.

자, 준비가 끝난 것 같아요. 이제 '한국 독립운동의 역사'를 한번 공부해볼까요? 가볍게 옛날이야기를 듣는 것처럼, 100여 년 전 살았던 사람들의 이야기를 함께 만나보죠. 그들은 박물관에 전시된 모형처럼 책 속에 박제된 인물들이 아니에요. 우리와 똑같이 숨 쉬면서 오늘을 살았던 사람들이에요. 지금 '우리의 오늘'이 곧 '그들의 내일'인 것이죠. 이렇게 생각하면 지금 '우리의 오늘'이 훗날 누군가에게는 '그들의 어제'가 되는 셈이에요. 그러니 역사 속 인물들은 우리와 동떨어진 사람들이 아니라, 우리의 오늘을 만들어준 사람들이라고 할 수 있어요. 그

들의 이야기 속에서 우리의 오늘을 만들어낸 것들을 함께 찾아
봅시다.

1부

절망 1905~1910
일제의 무차별 침략,
나라가 망해가던 그때

나라가 망해가고 있어요. 일제는 전쟁으로 청과 러시아 등 주변국을 하나씩 물리치더니, 군대를 앞세워 우리나라를 좌지우지하기 시작했어요. 강제로 '을사늑약'을 체결해 외교권을 빼앗고, '통감부'라는 통치 기구를 설치해 노골적으로 우리나라 정치를 마음대로 간섭했죠. 처음으로 조선 통감이 된 사람은 이토 히로부미였어요. 우리나라를 침략하는 데 큰 공을 세운 악명 높은 인물이죠.

대한 제국의 고종 황제는 을사늑약의 부당함을 알리려고 네덜란드의 헤이그에서 열린 '만국 평화 회의'에 특사를 파견했어요. 나라를 지키는 데 실패한 황제가 할 수 있었던 마지막 몸부림이었죠. 하지만 이토 히로부미는 이 일을 핑계로 고종을 황제의 자리에서 내쫓고, 유약한 순종을 그 자리에 앉혔어요. 그리고

'정미7조약(한일 신협약)'을 강요해 사실상 우리나라의 국내 정치를 완전히 장악했죠. 정미7조약은 일제가 우리나라의 주권을 빼앗고자 '정미년에 맺은 일곱 개 항목의 조약'이란 뜻이에요.

그러자 전국에서 사람들이 들고일어났어요. 나라와 민족을 구하려고 용감히 일어났죠. 어떤 사람들은 의병을 조직하고, 어떤 사람들은 비밀 결사를 만들었어요. 이들은 자기 목숨을 아끼지 않았어요. 억압을 받고 사느니 자유롭게 죽는 게 낫다고 생각했거든요.

하지만 일제의 벽은 너무 강했습니다. 그들은 우리의 저항을 철저히 분쇄했어요. 전국 방방곡곡에 사람들의 피와 눈물이 흘러넘쳤습니다. 그래도 일제의 침략을 막을 도리는 없었어요. 정녕 이 나라를 지킬 방법은 없는 걸까요?

1

대한 제국의 마지막 군인은 누구일까?
| 군대 강제 해산과 의병 전쟁의 시작 |

#박승환 #정미의병 #서울_진공_작전 #남한_대토벌_작전
#나의_죽음을_알려라

박승환 1869~1907

육군 참령

"군인으로서 나라를 지키지 못하고
 신하로서 충성을 다하지 못했으니,
 만 번 죽은들 무엇이 아깝겠는가"

위의 말을 남기고 자결한 사람
이 있으니, 바로 박승환
이에요. 유언을 읽어보니
군인인 것 같죠? 당시 박
승환의 자결은 사회에 큰
파장을 일으켜 의병들의
봉기에 엄청난 영향을 줍
니다. 박승환의 자결 전후
로 어떤 일이 일어났는지
함께 살펴볼까요?

이웃 나라가 침략해와서 우리나라가 멸망할 위기에 처하면, 어떻게 해야 할까요? 예전부터 우리 민족은 나라가 심각한 위기에 처하면 백성들이 군대를 조직해 적과 싸웠어요. 왕이나 국가가 시키지 않아도 우리 가족과 마을, 나라를 지키고자 스스로 일어나곤 했죠. 우리는 그런 부대를 '의병'이라고 불러요. 한자로 의로운 의(義), 군사 병(兵)을 써서, '의로운 군대' '정의의 군대'라는 의미를 갖고 있죠.

오늘은 의병으로 이야기를 시작해볼까 해요. 특히 1907년 국권을 회복하고자 전국 각지에서 일어나, 일제와 사실상 '전쟁'을 벌였던 의병들이 그 주인공이에요. 이들에 대해 이야기하려면, 우선 서울 한복판에서 벌어진 전투부터 살펴봐야 해요. 그 전투가 그들을 의병으로 나서게 했거든요.

"만 번 죽은들 무엇이 아깝겠는가"

1907년 8월 1일 오전 9시 30분, 남대문 부근에서 격렬한 전투가 벌어졌어요. 궁궐을 수비하고 황실을 호위하는 대한 제국 시위대와 일본군 사이에 일어난 전투였죠. 두 나라의 군대는 정말 목숨을 걸고 싸웠어요. 이들이 이렇게 위험천만한 전투를 하게 된 이유는 무엇일까요?

이날 일제는 대한 제국 군대를 해산시키려고 했어요. 고종을 강제로 퇴위시키는 데 성공한 그들은 국가를 지킬 마지막 힘인 군대까지 없애버리려고 했던 거죠. 일제는 서울의 시위대를 시작으로 각 지방에 있는 지방 진위대까지 차례차례 모두 해산시킬 계획이었어요. 이날 아침 7시 일본군 사령관은 한국군 지휘관들을 불러 군대 해산 조칙을 전달하고 대한 제국 군대 해산을 명령했어요. 그리고 오전 10시까지 병사들을 훈련원에 집결시켜 해산식을 거행하려고 했죠.

하지만 일제의 계획은 생각대로 되지 않았어요. 해산 명령을 전해 받은 시위대 제1연대 제1대대장 #박승환이 절망과 분노를 이기지 못하고 자결했기 때문이에요. 그는 유서에 이런 글을 남겼어요.

"군인으로서 나라를 지키지 못하고 신하로서 충성을 다하지 못했으니, 만 번 죽은들 무엇이 아깝겠는가."

일본인 교관의 지시에 따라 훈련원으로 향하던 제1연대 제1대대의 병사들은 대장의 자결 소식을 듣고 격분했어요. 그들은 무기고로 달려가 무기를 탈환하고, 일본군을 향해 총을 쏘기 시작했죠. 바로 옆에 주둔하는 제2연대 제1대대의 병사들도 기꺼이 함께했어요. 대대장 박승환의 죽음 앞에서 이대로 아무

청소년을 위한 해시태그 한국 독립운동사

것도 하지 않고 비겁하게 살 수는 없다고 생각했던 거죠. 나라의 멸망을 눈앞에 두고 절망에 빠져 무력하기만 했던 그들은 어느새 일상의 나약함에서 벗어나, 죽음을 두려워하지 않는 대한 제국의 군인으로 다시 태어났어요.

끝이 아니라 시작, '정미의병'의 탄생

시위대가 무기를 들고 싸움에 나서자 남대문에 배치됐던 일본군은 즉각적으로 진압에 나섰어요. 전투는 격렬했어요. 하지만 일본군은 가진 무기도 훨씬 좋았고 우리보다 싸움도 더 잘했죠. 더구나 일제는 군대 해산을 앞두고 준비도 철저히 하고 있었어요. 통감 이토 히로부미는 본국에 요청해 군대를 더 많이 데리고 오고, 총기도 대규모로 새로 들여왔거든요. 그리고 서울 외곽에 있던 군대와 다른 지방에 있던 군대까지 불러와 성안 곳곳에 배치해놓았죠.

일본군은 무서운 기세로 밀고 들어왔어요. 마치 '너희 정도는 눈 감고도 이길 수 있다'고 생각하는 듯했죠. '러일 전쟁' 때 빛나는 무공을 세웠다는 한 중대장이 맨 앞에 섰어요. 하지만 그것은 대한 제국 시위대를 너무 얕잡아 본 행동이었어요. 그 중대장은 시위대의 맹렬한 사격에 결국 허무하게 죽고 말았어요. 우리 시위대는 일본군이 예상했던 것보다 훨씬 잘 싸웠던 거예요.

하지만 시간이 갈수록 시위대는 일본군에 밀리기 시작했어요. 쓸 수 있는 무기가 소총밖에 없다는 것이 결정적인 이유였어요. 반면 일본군은 기관총과 폭탄으로 시위대를 흔들었어요. 특히 남대문 위에 설치한 기관총 두 대의 위력은 강력했어요. 화력과 병력에서 밀리는 데다가 탄환까지 떨어져가면서, 시위대는 더 이상 버틸 수 없게 됐어요. 전투가 시작된 지 한 시간여 만에 제2연대 건물이 함락되었고, 다시 한 시간 후에는 제1연대 건물까지 빼앗기고 말았죠.

근거지를 모두 잃은 시위대는 사방으로 흩어졌어요. 민가로 숨거나 성벽을 넘어 도망치는 데 성공한 군인들도 있었지만, 일본군의 총칼에 쓰러지거나 붙잡힌 군인들이 더 많았어요. 일본군의 기록에 의하면 시위대 중 전사자는 68명, 부상자는 90명이었고, 포로로 붙잡힌 군인은 560명이었어요. 반면 일본군 중 전사자는 4명, 부상자는 20여 명이었어요. 피해 규모만 봐도 시위대가 얼마나 힘든 싸움을 했는지 알 수 있어요. 이날 일본군이 쏜 소총탄이 7573발, 기관총탄이 1138발에 달했다니 더할 말이 없죠.

시위대의 항전은 많은 피해를 남기고 끝났어요. 하지만 이것으로 끝은 아니었어요. 오히려 시작이었죠. 일본군의 맹렬한 추격을 따돌리고 홀연히 사방으로 사라졌던 시위대의 병사들이 전국 곳곳에서 하나둘씩 다시 나타났거든요. 그들은 정의의 군대, 즉 의병이 되어 일제히 항일 투쟁의 선봉에 섰어요.

고종의 강제 퇴위와 군대 해산을 계기로 일어난 의병의 대열은 순식간에 전국 각지로 퍼져나갔어요. 이때의 의병을 정미년 (1907)에 일어났다고 해서 '#정미의병'이라고 불러요. 정미의병은 해산 군인의 참여로 그 전투력이 예전의 의병과는 차원이 달랐어요. 그래서 우리는 그들의 싸움을 '의병 전쟁'이라고도 부르죠. 그럼 지금부터는 전국에서 일어난 정미의병에 대해 알아볼까요?

민긍호의 의병 부대, 일본군에 맞서다

서울의 시위대가 일제에 정면으로 맞서 싸웠는데, 그럼 각 지방을 지키는 진위대는 어떻게 했을까요? 서울의 항전 소식이 전해지자 지방 진위대의 병사들도 투쟁의 대열에 함께했어요. 지방 진위대 가운데 가장 먼저 봉기를 일으킨 곳은 원주 진위대였어요. 대대장 대리 김덕제와 특무정교 민긍호의 주도로 거의 대부분의 병사가 8월 5일 봉기에 참여했죠. 이들은 무기고에서 소총 1200정과 탄환 4만여 발을 꺼내 무장하고 일본군과 전투를 벌여나갔어요. 동시에 원주와 주변 지역에서 계속 의병을 모집해 점점 병력을 늘려갔죠. 특이한 것은 이때 사냥을 생업으로 하는 포수들이 의병에 많이 투신했다는 점이에요. 1907년 9월 일제가 한국인의 무기 소유를 금지하자 포수들이 무기 반납을 거부하고 의병에 합류한 거예요.

특히 원주에서 일어난 의병 가운데 민긍호의 활약이 대단했어요. 그가 지휘한 병력은 가장 많을 때 약 2000명 정도였어요. 이 가운데 직속 부대의 인원은 300명가량이었고, 나머지는 독자적으로 활동하면서 연합하고 있었던 의병 부대들이었어요. 민긍호 스스로 강원도 내 32개 의병을 모두 지휘한다고 자부할 정도였다고 하니 대단하죠.

민긍호의 의병 부대는 적을 기습적으로 공격하는 유격 전술을 바탕으로 강원도와 충청도, 경기도 일대를 옮겨 다니며 여러 의병 부대들과 연합해 일본군과 싸웠어요. 제천과 충주 일대에서의 전투가 대표적인 성과였죠.

영국 기자가 목격한 잿더미

의병들과의 전투에서 위기감을 느낀 일본군은 비겁하게도 그 지역의 무고한 사람들을 무수히 학살하고, 마을 대부분을 불태웠어요. 의병의 활동을 돕는 근거지가 될 수 있다는 이유에서였죠.

당시 일본군의 만행을 직접 눈으로 목격하고 기록을 남긴 외국인이 있어요. 영국의 일간지 《데일리 메일(Daily Mail)》의 기자 프레더릭 매켄지(Frederick McKenzie)였죠. 그는 서울에서 의병의 항전 소식을 듣고 취재를 위해 현지로 달려갔어요. 의병을 만나고자 여기저기 돌아다니던 그는 제천과 충주 일대에서 거의 모든 것이 불타버린 마을들을 발견했어요. 그리고 피난했다가 겨우 살아서 돌아온 마을 주민들의 얘기를 들었죠. 의병들이 산에서 내려와 일본군을 공격하고 돌아가자, 분노한 일본군들이 아무 관련도 없는 주민들에게 무자비한 보복을 가했다는 얘기였어요. 한 늙은 농부가 말했어요.

"이 잿더미를 보십시오. 그들은 우리에게 의병과 똑같다고 비난하며, 집집마다 불을 질렀습니다. 제발 자기 집에 불 지르지 말라고 애원하는 한 노인을 쏴 죽이기까지 했습니다."

매켄지는 자신의 저서 『대한 제국의 비극(The Tragedy Of Korea)』에서 일본군의 보복이 한국인들의 증오를 불러일으켜 점점 더 많은 의병을 만들어냈다고 비판했습니다.

진격! 전국의 의병들, 서울로 향하다

의병들은 어떻게 싸웠을까요? 의병들은 부대를 소규모로 만들었어요. 빠르게 이동해 적의 뒤나 옆을 기습하기 위해선 규모가 작은 것이 훨씬 효율적이었기 때문이에요. 대신 중요한 전투가 있을 때는 의병들이 서로 연합해 사방에서 들이치는 방법으로 상대방의 허를 찔렀어요. 이것이 부족한 전투력과 무기의 차이를 극복하는 방법이었죠.

의병들은 점차 주변에서 활동하는 의병 부대들과 연합하는 방법을 배워나갔어요. 성공의 경험이 늘어갈수록 그들은 연합의 범위를 점점 넓혀갔죠. 군 경계를 넘고, 도경계를 넘더니 급기야 전국을 하나로 묶어내고자 했어요. 13도의 의병 부대를 뭉치고자 한 '13도 연합 부대(13도 창의군)'는 그렇게 만들어졌어요.

이들이 13도의 의병 부대를 하나로 묶으려고 한 이유는 무엇일까요? 의병 부대의 힘을 합쳐 '#서울 진공 작전'을 수행하기 위해서였어요. 일제의 통감부와 친일 정권을 무너뜨리고, 일제와 맺은 조약을 파기해 국권을 회복하고, 새로운 정부를 구성하는 것이 최종적인 목표였죠.

13도 창의군은 총대장 이인영, 군사장 허위를 중심으로 구성됐어요. 강원도의 대장은 민긍호가 맡았고요. 하지만 13도 창의군은 이들이 만들고자 희망했던 이상적인 모습이었지, 전국의 의병을 아우른 것은 아니었어요. 실제로는 경기도와 강원도, 충청도의 의병이 연합한 것이었어요. 총병력은 1만여 명 정도였고요.

13도 창의군은 1907년 11월 말부터 경기도 양주로 모이기 시작해요. 서울 진공 작전의 시작이었어요. 이들은 경기도 일대에서 전투를 벌이며 한 발 한 발 힘겹게 전진했죠. 드디어 1908년 1월 말 군사장 허위가 이끄는 선발대 300명이 동대문 밖 30리 지점까지 진격하는 데 성공했어요. 그곳이 바로 13도 창의군이 미리 약속한 1차 집결지였어요. 하지만 다른 부대들은 일본군에게 가로막혀 거기까지 도착하지 못했어요. 결국 허위의 의병 부대는 누구의 도움도 받지 못하는 상태에서 일본군의 공격을 받고 후퇴할 수밖에 없었죠.

서울로의 진격이 저지되면서 서울 진공 작전은 더 이상 수행할 수 없게 됐어요. 엎친 데 덮친 격으로 총대장 이인영이 부친상까지 당하게 되죠. 효를 중시하는 유생에게 아버지의 죽음은 총대장직을 사임하고, 서울 진공 작전의 중단까지 선언하게 만듭니다. 이인영의 선택은 당시에도 공과 사를 제대로 구분하지 못한 것이 아니냐는 비판을 받았어요. 일본인들까지 비아냥거릴 정도였죠. 13도 창의군의 서울 진공 작전은 그렇게 실패하고 말았어요.

무모한 싸움을 계속한 이유

당시 의병들이 주로 쓰던 무기는 뭐였을까요? 처음에는 진위대가 무기고에서 가지고 나온 무기들이 큰 힘을 발휘했어요.

영국산 스나이더, 일본산 무라다, 독일산 마우저 같은 서양식 소총들이었죠. 하지만 이런 총들은 각각의 총에 맞는 총탄을 모두 소비한 후에는 무용지물이 됐어요. 의병 부대 내에서 총탄을 만들어낼 수가 없었기 때문이죠. 독일산 마우저 같은 경우는 청나라 상인들과의 밀거래로 얼마간 유통이 가능했던 것으로 보이지만, 거래량은 그리 많지 않았던 것 같아요.

결국 당시 의병들 대부분이 사용한 무기는 악천후에서도 사용할 수 있도록 개조한 화승총이었어요. 이것은 총기와 총탄 모두 한국의 목수와 대장장이들이 만들 수 있었죠. 하지만 무기로서의 성능은 많이 떨어졌어요. 의병들이 병력 수에서는 뒤지지 않으면서도, 일본군보다 잘 싸우지 못한 것은 이런 이유 때문이었어요.

현대의 전쟁에서도 외부의 도움이 없으면 무기를 지속적으로 확보하기가 쉽지 않은 모습을 흔히 볼 수 있어요. 전쟁을 하면서 무기 생산 공장을 가동하기가 쉽지 않기 때문이에요. 하물며 아직 근대적 공장도 없고 외교적으로 완전히 고립되었던 한국의 현실에서, 의병이 무기를 계속 확보한다는 것은 얼마나 어려운 일이었을까요? 거의 불가능에 가까운 일이었을 거예요. 어느 날 영국 기자 매켄지는 그토록 기대했던 의병과의 만남을 이루게 되는데, 그 의병은 처음 보는 매켄지에게 다짜고짜 무기를 구해달라고 부탁해요. 상대를 가릴 여유도 없을 만큼 무기 부족 문제가 심각했기 때문일 거예요.

서울 진공 작전의 실패 이후 13도 창의군을 구성했던 경기도, 강원도, 충청도의 의병들은 점차 힘을 잃고 쇠퇴해갔어요. 강원도에서 가장 큰 힘을 발휘했던 민긍호도 1908년 2월 원주 부근에서 일본군에 붙잡히고 말았죠. 부하들이 구출 작전을 펼쳤지만, 그를 빼앗길 것을 두려워한 일본군이 급히 사살하는 바람에 안타깝게도 순국하고 말았어요.

하지만 일본군을 괴롭힌 의병들은 그들만이 아니었어요. 호남 의병의 활약도 대단했거든요. 그들은 여러 개의 부대로 나눈 후 나타나고 숨기를 반복하면서 일본군을 공격해 끊임없이 괴롭게 만들었죠. 전국에서 벌어진 전투 가운데 호남 의병의 전투 횟수가 1908년에는 25퍼센트, 1909년에는 47퍼센트를 차지할 정도였다고 하니 얼마나 대단했는지 아시겠죠?

결국 일본군은 호남 의병을 소탕하기 위한 특별한 작전을 준비해요. '#남한 대토벌 작전'이 바로 그것이죠. 이는 대규모 병력으로 일정 지역을 포위해, 닥치는 대로 살상하고 방화하는 작전이었어요. 이로 인해 수많은 사람이 죽고 많은 마을이 불탄 것으로 알려져 있어요. 하지만 얼마나 많은 사람이 죽었는지, 얼마나 많은 마을이 불에 탔는지는 지금도 제대로 알지 못해요. 피해국 한국은 당시 제대로 조사조차 하지 못했고, 가해국 일본은 사실을 은폐하기 바빴으니까요. 앞으로 치밀한 조사와 연구가 필요한 부분이에요.

일제의 탄압으로 의병들의 저항은 1911년 무렵 서서히 저물어갑니다. 더 이상 국내 활동이 불가능해진 의병들은 하나둘 국내를 탈출해, 중국 만주와 러시아 연해주로 이동했어요. 이제 그들은 독립군이 되어 항일 투쟁을 계속해나갔죠.

하지만 이것이 의병들의 끝이었을까요? 물론 아닙니다. 1915년까지 국내에 남아 싸움을 계속한 의병 부대가 있었어요. 채응언이라는 사람이 지휘한 의병 부대였죠. 이들은 50명 남짓의 소수 정예로 부대를 구성하고 평안도와 함경도, 황해도를 오가며 일본군과 싸웠어요. 일본군은 이들을 붙잡기 위해 상당한 병력과 비용을 들여 체포 작전에 나섰어요. 하지만 그때마다 아무런 성과도 내지 못했죠. 일본군은 1915년 7월에야 겨우 채응언을 체포했어요. 그는 가장 오랫동안 일제와 싸운 대한 제국의 마지막 의병장이었어요.

영국 기자 매켄지가 만났던 한 의병은 이렇게 얘기했어요. "우리는 어차피 죽게 되겠지요. 그러나 좋습니다. 일본의 노예가 되어 사느니 자유민으로 죽는 것이 훨씬 나으니까요."

의병들은 알고 있었어요. 그들이 하는 전쟁이 얼마나 무모한 싸움인지 말이에요. 하지만 그들은 가만히 있지 않았어요. 그들의 싸움이 침략자 일본에 조금이라도 상처를 낼 수 있다면 그것으로 충분했죠. 그 조그만 상처가 언젠가는 조금씩 벌어져 더 이상 손댈 수 없을 만큼 커지게 되리라 믿어 의심치 않았으니까요.

2

그의 연설을 듣는 순간, 누구나 구국의 길로 나섰다 | 안창호와 신민회 |

#안창호 #공립_협회 #신민회 #실력_양성_운동
#해외_독립운동_근거지 #자나_깨나_나라_생각

안창호 1878~1938

공립 협회 회장

"나는 오직
   너를 위해 일할지니"

안창호 선생의 애틋한 마음이 향한
'너'는 누구였을까요? 바로 '조국'이었
어요. 안창호 선생은 조국과 국민을
위해 미국에서 조선으로, 또 조선에
서 만주, 연해주로 부단히 움직입니다.
해외를 종횡무진하며 선생이 만들고자
했던 이상적인 국가의 모습, 함께
살펴볼까요?

지금의 시국은 몹시 참담하고 위급하다. 타인의 노예가 되어 금방이라도 나라가 패망하고 민족이 멸망할 지경에 이르렀다. 그래도 여러분은 성공할 마음을 품고 벼슬길에 나아가 나라를 망하게 하는 적의 대감이나 영감이 되고자 하는가. 백두산과 구월산에 태어난 종족으로서 어찌 이같이 타락할 것인가. 오늘로 우리나라를 침략하는 강국과 전격적으로 전쟁을 시작하여 국권을 회복할지니··· (1907년 5월 12일 삼선평 연설)

1907년 1월 한 남자가 5년간의 미국 생활을 접고 귀국길에 올랐어요. 가족을 두고 홀로 돌아오는 외로운 귀국이었죠. 그런데 이 남자는 한국에 들어오기 전, 일주일 동안 일본 도쿄에 들러서 한인 유학생 단체의 강연회에서 연설을 했어요. 너무 감동스러운 연설이라 금세 그를 따르는 학생들이 많아졌죠.

한국에 들어와서도 마찬가지였어요. 그는 서울과 평양 등 전국을 돌며 부지런히 사람들을 만났어요. 여러 학회에 주도적으로 참석하고, 각종 사회·문화 단체가 주관하는 연설회에 나가 열정적으로 연설했죠. 그 내용은 망국의 위기에 선 나라를 구하기 위해서 우리가 해야 할 일들에 대한 것이었어요.

그의 연설을 들은 사람들은 어느새 가슴이 뜨거워져 구국을 위한 길에 나서곤 했어요. 여운형처럼 훗날 너무나 유명해지는 독립운동가들이 모두 그의 연설을 접하고 본격적으로 독립운동을 시작했죠. 그는 그야말로 '독립운동가들의 독립운동가'라고 할 만했어요. 그는 과연 누구일까요? 바로 도산 #안창호예요.

'국민'이 '주인'이 되는 나라를 꿈꾸다

안창호는 1878년 평안남도 강서군의 어느 평범한 가정에서 태어났어요. 그는 서울로 올라와 미국 북장로회에서 세운 학교인 구세 학당에서 근대적인 신학문을 배우고 세상에 눈을 떴어요. 안창호는 위태위태한 나라를 바로 세우려고 정치 운동에 뛰어들었다가, 교육으로 민족의 힘을 키우겠다며 고향으로 돌아가 학교를 세우고 교육 운동을 펼쳤어요. 그러다 뜻을 세웠죠. 정말로 전문적인 교육자가 되겠다고요. 그는 선교사들의 도움을 받아 1902년 미국 유학을 떠났어요.

미국에서의 삶은 힘들었지만 공부도 하고 일도 하면서 한 발한 발 꿈을 향해 다가갔어요. 그런데 얼마 후 안창호는 갑자기 학교를 그만두고 교육자의 꿈을 포기했어요. 이유가 뭐였을까요? 안창호는 미국 내에서 힘들게 생활하는 한인들을 외면할 수가 없었다고 해요.

당시 미국에는 많은 한인들이 노동자로 일하기 위해 이민을 와 있었어요. 대개 오렌지 농장이나 철도·광산 회사 같은 곳에서 일했죠. 그런데 그들의 삶은 너무 비참했어요. 안정적인 직장을 구하기도 힘들었고, 설사 취직을 해도 임금이 아주 낮았죠. 영어를 잘 몰라서 말도 제대로 통하지 않았고, 미국의 문화에도 익숙하지 않았어요. 게다가 대부분 개인적인 생활 규율도 엉망이었고요.

안창호는 한인들의 생활을 개선하고 그들의 권리를 보호하는 일을 하기 시작했어요. 직업이 없어 방황하는 한인들에게 일거리를 찾아주고, 야학을 열어 생활에 필요한 영어와 미국의 풍습을 가르쳤죠.

한인들을 위해 일하는 것은 쉽지 않았어요. 하지만 시간이 갈수록 뜻을 함께하는 사람들이 늘면서 그들을 중심으로 친목회가 만들어졌어요. 처음엔 아주 조그만 친목회였어요. 회원이 전부 합해서 9명밖에 되지 않았으니까요. 그런데 얼마 후 회원 수가 20명이 되고 30명이 되더니 어느새 수백 명의 한인들이 함께하는 조직이 됐어요. 놀랍죠? 친목회는 1905년 '#공립 협회'라는 이름으로 확대됐고, 1907년에는 일곱 개의 지방회를 가진 미국 최대의 한인 단체로 발전했어요. 안창호는 공립 협회의 총회장으로, 가장 성공한 한국인 지도자가 됐고요.

그런데 이렇게 잘나가던 안창호가 불현듯 미국 생활을 접고 1907년 한국에 돌아왔어요. 이것은 그동안 이룬 것들 가운데 많은 것을 포기해야 함을 의미했어요. 그럼에도 그가 한국에 돌아온 이유는 뭘까요?

안창호가 귀국한 이유는 한국에 공립 협회의 국내 지부인 '#신민회'를 만들기 위해서였어요. 안창호를 비롯한 공립 협회 회원들은 신민회를 시작으로, 당시에 한인들이 많이 살고 있던 중국 만주와 러시아 연해주까지 공립 협회의 지부를 만들고자 했어요. 이것을 통해 한반도부터 미국, 만주, 연해주까지 모든 지역에 거주하는 한민족의 힘을 하나로 모아, 일제에게 빼앗긴 국권을 되찾고 새로운 나라를 만들고 싶어 했죠.

안창호와 공립 협회 회원들이 만들고 싶은 나라는 어떤 나라였을까요? 그들은 우리나라가 망해가는 이유가 황제의 나라였기 때문이라고 생각했어요. 황제가 모든 권력을 독점하고 누구의 견제도 없이 마음대로 통치하다 보니, 온갖 부정과 비리가 판치는 나약한 나라가 되고 말았다는 거죠. 안창호와 공립 협회 회원들은 '국민이 주인이 되는 나라'를 만들고 싶어 했어요. 오늘날의 대한민국처럼 국민이 대표를 뽑고, 그 대표가 헌법에 따라 국민의 뜻을 반영하여 통치하는 입헌 공화국을 만들고자 한 거예요.

비밀 결사 '신민회'를 만들다

안창호는 귀국 후 얼마 후인 1907년 2월 22일 당시의 대표적인 신문사였던 대한매일신보사의 총무 양기탁을 만나요. 표면적인 이유는 당시 일본에게 진 나랏빚을 갚으려고 한창 진행 중이던 '국채 보상 운동'에 동참하여 미국 공립 협회 명의로 기부금을 내는 것이었지만, 진짜 목적은 양기탁과 '신민회'의 조직을 의논하는 것이었죠. 안창호는 양기탁을 시작으로 국내 유력 인사들을 은밀히 만나 한 명 한 명 설득해가요.

신민회의 결성은 쉽지 않았어요. 가장 큰 문제는 망해가고는 있다지만 엄연히 황제가 존재하는 나라에서, 국민이 주인이 되는 나라를 지향하는 조직을 만든다는 것이 사람들에게 잘 받아들여지지 않았기 때문이에요. 이것은 사실상 혁명과 같은 일이었으니까요. 또 황제나 일제의 간섭을 받지 않고 자유롭게 활동하려면 비밀 단체로 만들어야 하는데, 사람들이 이것을 받아들이는 것도 쉬운 일이 아니었죠.

하지만 1907년 6월 고종이 을사늑약의 부당함을 세계에 알리려고 헤이그에 특사를 파견하면서 상황이 급변했어요. 일제가 헤이그 특사 파견을 구실로 고종을 강제 퇴위시키고, 정미 7조약을 체결해 행정·사법·경찰 등 대한 제국의 모든 권력을 장악했기 때문이에요. 일제는 신문지법과 보안법을 제정해 언론을 탄압하고 집회를 개최할 권리, 단체를 조직할 권리까지 억압하기 시작했어요. 이런 사건들이 연달아 터지면서 신민회와 함께하길 망설이던 사람들이 드디어 결심을 하게 돼요. 공립 협회의 국내 지부 신민회는 그렇게 시작됐어요.

신민회에는 다양한 사람들이 참여했어요. 독립운동사를 배울 때 꼭 한 번씩은 만나게 될 인물들이죠.《대한매일신보》에서 논설위원으로 일했던 신채호나 대한 제국의 군인이었던 이동휘, 정부 관리였던 이시영, 사업가였던 이승훈, 기독교 신자로 깨어 있는 지식인이었던 이동녕이나 이회영, 김구 등이 그들이었어요. 또 미국의 공립 협회는 국내 지부인 신민회가 잘 운영될 수 있도록 계속해서 여러 명의 사람들을 파견해 안창호를 도왔어요. 이강 같은 인물이 대표적이에요. 이 사람은 신민회가 안정적으로 운영되기 시작하자 곧바로 연해주로 이동해, 그때부터 연해주 지부를 만드는 데 애를 썼어요.

신민회의 중앙 조직은 총감독 양기탁, 총서기 이동녕, 재무 전덕기, 집행원 안창호로 구성됐어요. 지방 조직은 도별 책임자들을 중심으로 하부 조직이 구성됐던 듯한데, 도별 책임자는 서울의 양기탁, 평안남도의 안태국, 평안북도의 이승훈, 황해도의 김구, 강원도의 주진수 등이었어요. 안창호에 의하면 1910년 당시 신민회의 회원 수는 총 300명 정도였다고 해요. 비밀 단체였음에도 상당한 규모였음을 알 수 있어요.

신민회의 비밀 활동과 공개 활동

신민회는 비밀 결사였기 때문에 비밀을 유지하기 위해 상당한 노력을 기울였어요. 회원을 뽑을 때도 면접을 통해서 그 사람의 생각과 사람됨을 충분히 살펴본 후 신중하게 결정했고요. 회원이 됐다고 해도 1년 이상 함께 활동하면서 확실한 믿음을 가지기 전에는 조직의 목적과 본모습을 알려주지 않았어요. 때문에 훗날 신민회를 수사했던 일제 경찰은 실로 교묘한 단체라고 감탄하기까지 했죠.

안창호는 공개적인 활동과 비밀 결사로서의 활동을 철저히 분리했어요. 공개 활동을 통해서는 장기적으로 민족의 힘을 키우는 '#실력 양성 운동'을 펼쳐나가면서, 안으로는 은밀히 신민회의 조직을 확대해가며 국권 회복과 새 국가 건설을 추진했죠.

안창호가 공개 활동으로 가장 중시한 것은 교육 운동이었어요. 그는 당시 한국에서 최고의 부자로 알려진 이종호에게 돈을 빌려 평양에 대성 학교를 설립했어요. 그리고 전 고위 관리이자 유명 인사였던 윤치호를 교장으로 영입해 학교의 인지도를 높였죠. 대성 학교는 당시 언론들이 입학식부터 졸업식까지 일거수일투족을 주목할 정도로 전국에서 가장 인기 있는 학교가 됐어요.

안창호가 중시한 두 번째 공개 활동은 '청년 학우회'였어요.

실력 양성 운동을 이끌어갈 청년들을 키울 목적으로 설립한 단체로, 훗날 '흥사단'으로 이어지게 되죠. 윤치호가 회장을 맡았고 대성 학교의 청년 교사들이 주요 지도자로 활약했어요. 일본 유학 중 우연히 안창호의 연설을 듣고 감동했던 최남선이 청년 학우회의 기관지 《소년》의 편집자로 활약하기도 했죠.

그 외에도 안창호는 출판사를 만들어 민족의 지식을 넓혀나 갔어요. 민족의 경제를 발전시켜 나라의 힘을 키울 목적으로 평양에 자기 회사를 설립해 운영하기도 했고요. 이렇듯 안창호는 공개적인 활동을 통해 민족의 실력을 양성하는 데 온 힘을 기울였어요. 이것이 국권 회복과 새 국가 건설에 반드시 필요한 일이었기 때문이에요.

절망 속의 조그만 희망, '독립 전쟁'의 꿈

1907년 8월 1일 안창호는 대한 제국 시위대와 일본군의 전투를 직접 목격했어요. 앞에서 소개했던 군대 해산 당시 서울에서 벌어진 두 나라의 격렬한 전투 이야기 기억하나요? 안창호의 신민회 사무실이 바로 전투의 현장인 남대문 근처에 있었거든요. 그는 동료들과 함께 위험을 무릅쓰고 일본군의 총탄에 쓰러진 청년들을 병원으로 옮겨 밤새 간호했다고 합니다. 그날 안창호는 무슨 생각을 했을까요? 그의 가슴에도 울분과 절망이 가득했을 거예요. 군대 해산은 나라가 무너지는 또 하나의 징표였으니까요. 하지만 그는 절망에만 빠져 있지 않았어요. 그 속에서 조그만 희망도 발견했거든요.

안창호와 신민회는 군대 해산 이후 점점 확대되어가는 의병 전쟁에 주목했어요. 해산된 군인들의 의병 합류로 이들의 싸움은 점점 더 규모가 커져갔죠. 안창호와 신민회는 이때를 '독립 전쟁'의 최적기로 판단하고, 즉각적으로 독립 전쟁을 하자고 주장하기 시작했어요. 이런 주장을 하게 된 이유는 당시 미국과 일본이 금방이라도 전쟁을 할 것 같았기 때문이죠. 중국 만주를 둘러싼 무역 문제나 일본인의 미국 이민 문제 등으로 두 나라의 갈등이 폭발하기 일보 직전이었거든요. 미국과 일본이 전쟁을 한다면, 그 기회를 이용해 독립 전쟁을 벌여 국권을 되찾자는 것이 안창호와 신민회의 생각이었어요. 이에 은밀히 신민회의 기관지 역할을 하던 《대한매일신보》는 의병 전쟁에 대해 긍정적인 기사를 내보내며 지지와 성원을 표합니다. 통감부가 《대한매일신보》의 의병 관련 기사를 의병 확산의 주요 원인이라고 지적한 것은 바로 이 때문이었죠.

하지만 1908년 서울 진공 작전이 실패로 돌아가고 일제의 탄압이 본격화하면서 의병 전쟁은 점점 쇠퇴하기 시작해요. 결국 안창호와 신민회는 즉각적으로 독립 전쟁을 하자는 주장을 포기하게 되죠. 대신 좀더 장기적인 계획을 세우는 것으로 방향을 전환하게 됩니다. 우선 이들은 중국 만주와 러시아 연해주에 공립 협회의 지부들을 만드는 작업을 서두르죠. 이 지부들을 기반으로 해서 만주와 연해주에 독립운동 기지를 마련하는 것이 새로운 목표였습니다. 장기적으로 해외에 독립운동 근거지를 만들고, 그곳에서 독립군을 키워 독립 전쟁을 펼치겠다는 계획이었죠.

'간다 간다 나는 간다'

1909년 10월 26일 중국 하얼빈에서 안중근이 일본의 유력 정치가인 이토 히로부미를 처단합니다. 그러자 일제는 안창호 등 신민회 인사들을 비롯한 많은 애국지사들을 체포하여 용산 헌병대로 끌고 갔어요. 안중근 의거의 배후를 밝히겠다는 거였죠. 안창호는 안중근의 배후 인물로 지목되어 몇 달 동안 유치장 안에서 고생하다가, 다음 해인 1910년 2월 말에야 겨우 혐의를 벗고 석방이 됩니다. 하지만 더 이상 국내에서 활동을 계속하는 것은 불가능해졌어요. 그에 대한 일제의 감시와 탄압이 너무나 심해졌기 때문이에요.

1910년 3월 신민회 지도부는 긴급회의를 통해 신민회의 조직을 중국 만주로 옮기기로 결정했어요. 안창호 등 신민회 인사들의 검거 사태로 인해, 장기적인 과제로 추진해왔던 #해외

독립운동 근거지 건설을 앞당겨 실행하기로 한 것이죠. 지도부는 안창호처럼 망명이 시급한 사람들부터 먼저 만주로 이동시키기로 했어요. 나머지 인사들은 양기탁의 책임하에 준비되는 대로 차근차근 이동하기로 했습니다.

1910년 4월 안창호는 망명길에 올랐어요. 그는 그때의 심정을 〈거국가〉라는 노래에 남겼어요.

간다 간다 나는 간다 너를 두고 나는 간다
잠시 뜻을 얻었노라 까불대는 이 시운이
나의 등을 내밀어서 너를 떠나 가게 하나
일로부터 여러 해를 너를 보지 못할지나
그동안에 나는 오직 너를 위해 일할지니
나 간다고 설워마라 나의 사랑 한반도야

안창호의 마음이 읽어지나요? 망국의 위기가 코앞으로 다가와 있는 상황에서, 그는 어쩔 수 없이 가고 싶지 않은 길을 가게 됩니다. 언제 돌아오게 될지 알 수 없는 길이었죠. 하지만 그는 말합니다. 비록 나는 지금 떠나지만, 그동안은 오직 너를 위해 일하겠다고. 그렇습니다. 그는 평생토록 이 말을 무겁게 지켰어요.

안창호는 중국 칭다오를 거쳐 러시아 블라디보스토크로 갔어요. 이곳에서 가까운 중국 밀산현에 미국 공립 협회의 후신인 '대한인 국민회'가 건설 중이던 독립운동 기지가 있었거든요. 그는 블라디보스토크에서 한인들을 대상으로 일하면서 밀산현의 독립운동 근거지 건설 사업에 집중할 생각이었어요.

안창호와 비밀 결사 신민회는 해외에 독립운동 근거지를 건설하는 운동으로 한국 독립운동의 새로운 막을 열었습니다. 이것은 우리의 가장 중요한 독립운동 방법이 되어 두고두고 실천에 옮겨졌어요. 이 계획을 현실로 옮기기 위해 많은 사람들이 기꺼이 자신의 모든 것을 걸었습니다. 그 첫걸음에 안창호와 신민회가 있었죠.

#3

한국에 이완용 같은 충신이 있으니
행복하지 않소! |외교 고문 스티븐스의 최후|

#장인환 #전명운 #스티븐스_저격_사건 #망언_제조기
#세_치_혀가 #사람_잡는다

장인환 1876~1930
대동 보국회 회원

"스티븐스는 일본의 보호정치를 도와주었다.
이런 매국노를 죽이지 아니하면
우리나라의 운명은 영영 사라지고 말 것이다"

대한 제국을 위험에 빠뜨린 인물 중엔 일본인만 있는 건 아니었어요. 장인환 선생이 저격한 스티븐스 같은 외국인도 있었죠. 대한 제국을 장악하려는 일본인 당사자도 아닌데, 스티븐스는 어쩌다 우리 민족의 미움을 샀을까요? 그리고 스티븐스를 노린 조선인이 또 있었다는데 그 사람은 누구였을까요?

1908년 3월 23일 오전 9시 30분경, 샌프란시스코에서 오클랜드행 여객선을 타는 페리 선착장 앞에 자동차 한 대가 섰어요. 곧 문이 열리고 한 남자가 내렸습니다. 그는 대한 제국의 외교 고문 스티븐스(Durham Stevens)였어요. 외교 고문이란 외교 문제에 대해 의견을 제시하고 조언을 해주는 직책을 말해요. 그는 배를 타고 오클랜드로 가서 대륙 횡단 열차로 갈아타고 워싱턴으로 갈 예정이었어요. 뒤이어 차에서 내린 사람이 한 명 더 있었는데, 그는 스티븐스를 배웅하려고 따라온 일본의 총영사였어요.

그때 어디선가 동양인들이 나타났어요. 그중 한 명이 스티븐스에게 다가와 총을 쐈죠. 그런데 총알이 발사되지 않았어요. 그는 당황한 듯 잠시 머뭇거리다가 총자루로 스티븐스의 얼굴을 후려치고 도망을 갔어요. 얼굴을 맞고 쓰러졌던 스티븐스가 일어나 그 남자를 쫓아가려고 하는데, 그 순간 '탕! 탕! 탕!' 총성이 울렸어요. 또 다른 동양인 한 명이 총을 쏜 거죠.

그런데 그 총을 맞고 쓰러진 건 두 명이었어요. 한 명은 스티븐스를 때리고 도망가던 동양인이었고, 다른 한 명은 그 동양인을 쫓아가던 스티븐스였죠. 총이 익숙하지 않았는지 급박한 상황에서 조준에 실수가 있었던 거예요. 동양인은 어깨에 총상을 입었는데 다행히 가벼운 부상이었어요. 하지만 스티븐스의 상태는 심각했죠. 폐와 복부에 총알이 박혔는데, 이틀 후 제거 수술을 받다가 숨을 거두었어요

사건 직후 경찰은 현장에서 용의자로 동양인 두 명을 체포했어요. 바로 앞에서 말한 그 동양인들이었죠. 그들의 이름은 #전명운과 #장인환. 스티븐스의 얼굴을 때리고 도망쳤던 사람이 전명운이고요, 스티븐스에게 총을 쏴서 죽음에 이르게 한 사람이 장인환이에요. 우리는 흔히 이 사건을 장인환과 전명운의 '#스티븐스 저격 사건'이라고 불러요. 장인환과 전명운은 대체 왜 대한 제국의 외교 고문을 죽였을까요?

스티븐스의 망언을 막아라!

스티븐스는 미국인이었어요. 그런데 일찌감치 일본 정부에 진출해서 일본의 외교 고문으로 일했어요. 그러다 1904년 대한 제국의 외교 고문이 되었죠. 러일 전쟁 때 일제가 한국을 점령하고 '제1차 한일 협약'을 강제로 체결해서, 재정과 외교 부문에 외국인 고문을 임명하게 했거든요. 스티븐스도 그때 외교 고문이 된 거죠.

스티븐스는 일본 정부의 외교 고문직을 그대로 유지한 채,

대한 제국의 외교 고문으로 일했어요. 겉으론 일본 정부의 외교 고문 일은 그만둔 것처럼 속이고요. 결과적으로 그는 월급은 대한 제국 정부에게 받으면서 일은 모두 일본을 위해서만 했어요. 외교와 관계된 일이 있을 때마다 일본을 코치해서, 일본이 한국을 침략하는 데 큰 공을 세웠죠. 그런 그를 보는 한국인들의 마음은 어땠을까요? 정말 싫었겠죠?

그러던 중 1908년 3월 20일, 스티븐스가 미국 샌프란시스코에 갑니다. 이때 그는 일본 정부로부터 두 가지 명령을 받았어요. 하나는 미국에서 일본인 노동자에 대한 감정이 나빠지고 있고, 미국 의회에 '일본인 이민 금지 법안'이 제출되어 있으니 미국 의회 의원 및 중요 인사들을 만나 이 법안이 통과되지 못하도록 하라는 것이었어요. 두 번째는 미국 안에서 한국인들의 반일 운동이 심해지고 있으니, 이런 상황을 미국 의회 의원 및 중요 인사들에게 알려서 미국의 반일 여론을 약화시키라는 것이었죠. 한국인들의 반일 운동도 쇠퇴하게 만들고요.

스티븐스는 각오한 듯 미국으로 가는 배 위에서부터 스스로 기자 회견을 하겠다고 기자들을 불러요. 미국에 도착해서도 기회가 있을 때마다 기자들을 만나 갖가지 발언을 쏟아냈고요. 미국의 반일 여론을 약화시키기 위한 활동을 시작한 거죠. 그런데 그는 거의 '#망언 제조기'에 가까웠어요. 그가 했던 말을 한번 들어볼까요?

"동양 평화를 위해 한국이 독립을 포기하고, 일본의 보호 아래 들어가는 것은 당연한 일이다."

"한국인은 암흑 속에 살아온 사람들로, 극히 초보적인 기술을 다루는 미개인이다."

"미국 국민이 필리핀 국민을 위해 좋은 일을 하고 있는 것처럼, 일본 국민은 한국인을 위해 온갖 좋은 일을 하고 있다."

"대한 제국 정부에는 교활한 대신들이 왕을 둘러싸고 국민의 재산을 빼앗아 부자가 되고, 국민은 자기 것을 가지고도 관리들의 눈을 피해 먹고살기에 온갖 신경을 쓰고 있다."

정말 기가 차죠? 스티븐스의 말은 모두 언론에 보도됐어요. 그러니 미국에 거주하는 한국인들은 그것을 보고 또 얼마나 화가 났겠어요? 이에 3월 21일 샌프란시스코의 중요 한국인 단체들이 모여 대책 회의를 가져요. 그리고 대표단을 구성해 다음 날인 3월 22일 스티븐스에게 직접 항의하러 갔죠. 공립 협회에서 정재관 등 두 명, 대동 보국회에서 문양목 등 두 명, 총 네 명이 스티븐스를 찾아가 신문에 난 발언들을 취소하라고 요구했죠. 하지만 스티븐스는 자신의 발언을 취소하기는커녕 또다시 망언을 늘어놓았습니다.

'한국에 이완용 같은 충신과 이토 같은 통감이 있으니 행복이라는 등, 고종은 덕을 잃었고 백성은 어리석어 독립할 자격이 없다는 둥' 하면서 자신은 사실을 말했을 뿐이니 발언을 취소할 수 없다고 했죠.

정재관 등 네 명은 그의 말에 격분할 수밖에 없었어요. 스티븐스의 멱살을 잡고 주먹을 날렸죠. 주변 사람들이 말려서 겨우 분을 가라앉힌 대표단은 돌아와서 다시 대책 회의를 갖습니다. 그 자리에는 대동 보국회 회원이었던 장인환과 공립 협회 회원이었던 전명운도 함께 참가했어요.

그런데 대책 회의에서 전명운이 자신이 스티븐스를 해치우겠다고 손을 들고 나섰어요. 장인환은 묵묵히 듣고만 있었고요. 하지만 속으론 그 역시도 스티븐스를 없앨 결심을 했다고 합니다. 회의가 끝난 후 전명운은 총과 스티븐스의 사진을 준비했어요. 장인환도 따로 총을 준비했고요. 그렇게 각자 준비를 하고 거사를 치르게 되죠.

하지만 거사가 끝난 뒤 붙잡힌 장인환과 전명운은 서로 전혀 모르는 사이였다고 진술해요. 일면식도 없는 두 사람이 우연히 각각 동일한 인물의 처단을 결심하고 같은 날, 같은 장소에 나타나 스티븐스를 해치우게 되었다는 거죠. 이것이 지금까지 알려져온 '스티븐스 저격 사건'의 전말입니다. 그런데 정말로 이것이 진실일까요?

장인환과 전명운은 왜 서로 모르는 사이라고 했을까?

먼저 한 가지 짚고 넘어가야 할 문제가 있어요. 정말 장인환과 전명운이 서로 전혀 모르는 사이였느냐 하는 점이죠. 두 사람은 모두 노동자로 일하기 위해 미국에 이민을 갔습니다. 둘 다 처음에는 하와이에서 일하다가 샌프란시스코로 이주했죠. 그 후 장인환은 대동 보국회에 가입하여 열심히 활동하고, 전명운은 공립 협회에 들어가서 열성적으로 활동해요. 아무리 샌프란시스코가 넓다고 해도 한인 사회는 그리 크지 않기 때문에, 각 단체에서 열과 성을 다하던 두 인물이 서로를 알지 못한다는 것은 거의 불가능에 가까워요. 더구나 두 사람은 3월 22일 밤에 있었던 대책 회의에도 함께 참석했어요. 둘이 친하지는 않았을지 몰라도 전부터 서로 아는 사이였을 가능성이 높은 거죠.

그런데 왜 장인환과 전명운은 서로 모르는 사이라고 적극적으로 주장했을까요? 이것이 장인환과 전명운 재판의 주요 변호 논리였기 때문이에요. 미국 현지 경찰은 사건 현장에 함께 있었던 두 사람을 처음부터 공범으로 판단했어요. 두 사람이 계획적으로 스티븐스를 죽일 계획을 세우고, 총기를 준비해 사건을 일으켰다고 생각했죠. 이런 경찰의 논리를 깨기 위해서는 장인환과 전명운이 알지 못하는 사이였고, 두 사람이 아무런 연관 없이 우연히 사건 현장에 동시에 나타났던 것이라고 주장해야 했던 거죠.

여기서 짚고 넘어갈 문제가 하나 더 있어요. 당시 목격자들의 증언이 그것이죠. 스티븐스를 배웅하기 위해 왔던 일본의 총영사는 '스티븐스가 자동차에서 내렸을 때 서너 명의 한국인들에게 둘러싸였다'고 증언했어요. 그중 한 사람이 얼굴을 쳤고, 곧이어 권총이 발사되기 시작했으며, 스티븐스가 등에 두 발의 총을 맞고 쓰러졌다고 했죠.

또 스티븐스의 짐을 옮겨주기 위해 현장에 있었던 호텔 직원은 세 명의 한국인이 스티븐스 앞에 접근하는 것을 보았다고 증언했어요. 스티븐스 본인도 죽기 전에 남긴 증언에서 몇 사람이 자기에게 다가왔다고 했고요. 그는 그들 중 한 명이 다가와 얼굴을 쳤고, 자기가 쫓아가자 또 다른 사람이 자신을 쏘았다고 말했어요.

증언들을 종합해보면 최소 세 명 이상의 한국인들이 현장에 있었음을 알 수 있어요. 그 가운데 경찰에 붙잡힌 사람이 장인환과 전명운이었고, 나머지는 현장에서 도주하는 데 성공했던 거죠. 우리는 여기서 새로운 가정을 할 수 있게 돼요. 3월 22일 밤 대책 회의에서 스티븐스를 처단하기 위해 '실행단' 같은 것이 만들어졌고, 그 실행단은 장인환과 전명운을 포함하여 세 명 이상으로 구성되었을 거라는 가정이죠. 하지만 다행히 경찰은 추가적인 범인의 검거에 실패했어요. 이로써 사건은 장인환·전명운 두 사람의 범행으로 정리되었죠. 이렇게 경찰의 수사와 사건의 변호 과정에서 진실이 숨겨지고, 현재 우리가 알고 있는 사실이 만들어지게 된 거예요.

'대의'가 '대중'에게 번져나가다

3월 27일 장인환은 계획에 의한 '일급 살인' 혐의로, 전명운은 '살인 미수' 혐의로 기소됐어요. 그러자 미국과 러시아 연해주, 중국 만주, 일본에 있는 한인들이 일제히 재판 비용 마련을 위한 의연금 모금에 나섰어요. 한인들의 뜨거운 호응으로 금세 재판 비용을 지불하고도 남을 만큼 충분한 돈이 모였죠. 변호는 고맙게도 아일랜드 사람으로 망국민의 처지를 잘 이해했던 변호사 코글런(Nathan Coghlan) 등 세 명이 무료로 해주겠다 나섰어요. 통역은 우리 동포들이 나누어 맡았고요.

  일제는 거금의 재판 비용을 지원하는 한편, 특별 변호사까지 고용해 검사 측을 도왔다고 합니다. 자신들에게 유리한 판결을 얻으려고 한 거죠. 하지만 재판은 다행히도 장인환과 전명운에게 유리한 방향으로 흘러갔어요. 6월 27일 전명운은 보석금 지불 없이 보석 허가 판정을 받았습니다. 전명운이 스티븐스를 해치고자 했던 증거가 확실하지 않다는 이유에서였죠. 특히 유일한 증거인 권총이 전명운의 몸에서 발견된 것이 아니라 땅에서 주운 것이라는 사실이 결정적으로 작용했어요.

반면 장인환의 재판은 12월이 돼서야 끝났어요. 그는 '애국적 환상에 의한 2급 살인죄'로 판정되어 사형을 면하고 25년 금고형을 선고받았죠. 장인환은 1919년 1월, 복역한 지 11년 만에 가석방으로 풀려날 수 있었습니다.

이들의 의거 활동은 당시 교포들의 항일 의식을 고조하게 만든 결정적인 계기였어요. 특히 미주 지역 한인들이 민족 운동에 대한 관심이 높아지면서, 여러 한인 단체를 통합하려는 움직임이 생겨났죠. 스티븐스가 '망언'으로 인해 결국 '망자'가 되었다면, 장인환과 전명운이 품은 '대의'는 더 많은 '대중'에게 번져 독립운동의 열기를 더욱 불태우게 만든 것입니다.

전명운은 풀려난 후 연해주의 대표적 도시인 블라디보스토크로 망명했어요. 원래는 보석 상태였기 때문에 샌프란시스코를 벗어나면 안 됐죠. 하지만 그가 계속 거기에 있으면 장인환의 재판까지 불리해질 수 있었기 때문에, 변호사들의 권유에 따라 재판이 끝날 때까지만이라도 잠시 몸을 피해 있기로 한 거예요. 굳이 블라디보스토크로 간 이유는 그곳에 공립 협회의 지회가 설치되어 있었기 때문이고요.

전명운이 블라디보스토크에 도착하자 동포들은 몇 번이나 환영회를 열어주며 크게 반겨주었어요. 모두들 어디서 그런 용기가 나왔냐며, 그의 의열 행동을 칭찬했죠. 그는 한인 사회의 스타이자 영웅이었어요. 전명운은 그곳에서도 국권을 회복하기 위한 활동에 적극적으로 참여하며 동포들의 환영에 부응했어요. 그러던 어느 날 그의 의열 활동에 큰 관심을 보이는 남자를 만났어요. 누구였을까요? 장인환, 전명운의 뒤를 이어 세상을 놀라게 할 사람, 바로 안중근이었어요. 뒤이어 그를 만나보도록 하죠.

4

왜 꼭 위험한 '암살'이란 방법을 택했을까?

| 시대를 만든 영웅, 안중근 |

#안중근 #이토_히로부미 #동의회_의병 #10월_26일
#동양_평화 #누가_죄인인가

韓 大
獨
立

안중근 1879~1910
동의회 의병 우영장

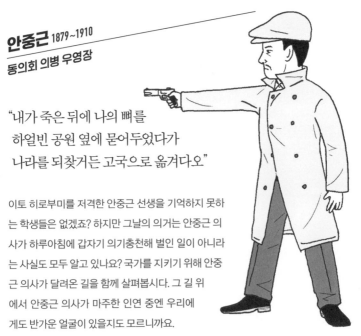

"내가 죽은 뒤에 나의 뼈를
하얼빈 공원 옆에 묻어두었다가
나라를 되찾거든 고국으로 옮겨다오"

이토 히로부미를 저격한 안중근 선생을 기억하지 못하
는 학생들은 없겠죠? 하지만 그날의 의거는 안중근 의
사가 하루아침에 갑자기 의기충천해 벌인 일이 아니라
는 사실도 모두 알고 있나요? 국가를 지키기 위해 안중
근 의사가 달려온 길을 함께 살펴봅시다. 그 길 위
에서 안중근 의사가 마주한 인연 중엔 우리에
게도 반가운 얼굴이 있을지도 모르니까요.

1909년 10월 26일 오전 9시, #이토 히로부미가 탄 열차가 하얼빈역에 도착했어요. 초대 통감으로 대한 제국의 침략에 앞장섰던 그는 중국 만주의 이권을 두고 러시아와 협상하기 위해 중국의 동북 지방을 돌아보는 중이었어요. 열차가 도착하자 역 안은 순식간에 환영 인파로 붐비며 소란스러워졌어요. 군악대도 환영의 연주를 시작했죠.

기차에서 내린 이토 히로부미는 오늘의 주인공답게 당당한 모습으로 플랫폼을 걸어 나왔어요. 먼저 그는 하얼빈 주재 각국 외교관들과 인사를 나눈 후, 되돌아 나오며 러시아 군인들 한 명 한 명의 경례를 받았어요. 중간쯤 왔을까요. 갑자기 러시아 군인들 뒤쪽에서 총소리가 '탕! 탕! 탕!' 요란하게 울렸어요.

앞장서 걸어오던 이토 히로부미가 가슴을 쥐고 쓰러졌어요. 그 뒤를 따라오던 수행원들도 부상을 입었고요. 이토 히로부미는 총격을 받은 뒤 30분도 지나지 않아 사망했어요. 일본을 세계적인 강대국으로 발전시키는 데 큰 공을 세웠던 그는 그렇게 허망하게 생을 마감했어요. 일본에게 그것은 큰 슬픔이었지만 일본의 침략에 시달리던 주변국들에겐 커다란 기쁨이었죠. 이토 히로부미의 목숨을 끝낸 것은 전명운의 의열 활동에 큰 관심을 보였던 #안중근이었어요.

의병을 일으키고자 한 각고의 노력

안중근 의사의 손바닥 도장 사진을 본 적이 있나요? 손에 특이
한 점이 있지 않았나요? 맞아요. 왼손 네 번째 손가락의 첫 마
디가 없죠. 안중근 의사가 '동의단지회'라는 단체의 회원들과
함께 독립운동을 위해 노력할 것을 다짐하는 의미에서, 손가락
첫 마디를 스스로 잘랐기 때문이라고 해요. 왜 그렇게 과격한
방법을 쓰면서까지 각오를 다졌는지 궁금하지 않나요? 그건
안중근의 독립운동 활동이 순탄치만은 않았기 때문이에요. 그
의 삶을 보면 조금은 이해가 갈 거예요. 그럼 같이 한번 살펴볼
까요?

안중근은 황해도 해주에서 태어났어요. 아버지의 영향으로
일찍부터 천주교 신자가 되었고, 자연스럽게 근대적인 사고를
가진 지식인이 되었죠. '나라의 힘을 키우기 위해서는 인재를
양성하는 것이 가장 중요하다'고 생각한 그는 1906년 봄부터
집안 재산을 팔아 교육 운동에 나섰어요. 그러다 1907년 진남
포에서 안창호의 연설을 들었죠. 그는 너무 감동한 나머지 주
변 사람들에게 안창호의 연설을 꼭 들어볼 것을 추천하는 한
편, 급기야는 자신도 안창호와 함께 강연을 다니며 수차례 일

본을 비판하는 연설을 하기도 했다고 합니다.

안중근은 나라의 빚을 갚자는 취지로 시작된 '국채 보상 운동'에도 적극 참여하고, 스스로 석탄 회사를 만들어 민족의 경제를 키우는 운동에도 뛰어들었어요. 평양에서는 의병을 일으킬 계획도 세웠고요. 하지만 운동의 성과는 노력하는 만큼 돌아오지 않았어요.

1907년 8월 안중근은 모든 활동을 접고 중국 북간도로 떠나요. 일본의 힘이 미치지 않는 곳에서, 가능한 한 모든 방법을 동원해 나라를 구하는 운동을 펼칠 생각이었죠. 그런데 북간도는 여러모로 자신이 활동하기에 적당하지 않았어요. 그래서 그는 러시아 연해주로 자리를 옮겼죠.

안중근은 연해주 블라디보스토크에서 의병을 일으키기로 결심하고, 이범윤을 찾아가 함께할 것을 권했어요. 이범윤은 고종이 중국 간도 일대의 한인들을 관리하기 위해 파견했던 간도 관리사로, 러일 전쟁 당시 한인 부대를 조직해 일본군과 싸우면서 유명해진 사람이에요. 하지만 그는 무기와 돈을 마련할 길이 없다며 의병을 일으키기를 거부했어요.

어쩔 수 없이 안중근은 연해주 곳곳을 돌아다니며 직접 함께할 의병을 모집하기 시작했어요. 가는 곳마다 왜 구국 운동을 해야 하는지, 의병이 필요한 이유가 무엇인지 설득하고 또 설득했죠. 많은 시간과 노력 끝에 어느 정도 병력과 자금이 모이자 1908년 3월 그는 블라디보스토크로 돌아왔어요.

그런데 다행스럽게도 그 무렵 연해주에서는 의병을 일으켜야 한다고 생각하는 사람들이 점점 많아지고 있었어요. 그리고 그런 사람들이 연해주 한인 사회에서 가장 영향력이 큰 최재형을 중심으로 모이고 있었죠. 최재형은 어린 나이에 러시아로 이주한 뒤 스스로의 노력으로 큰 부자가 된 사업가예요. 그는 오랫동안 지방 행정가로도 일하면서 한인들의 권리 보호와 교육에 힘썼죠. 그래서 한인 사회에서 인기가 높은 인물이었어요. 안중근은 최재형이 의병을 모집하고 있다는 소식을 듣고, 기꺼이 자신이 모은 의병들을 모두 데리고 그의 밑으로 들어가기로 했어요.

드디어 1908년 4월 최재형을 중심으로 한 의병들의 단체 '동의회'가 만들어졌어요. 이들이 조직한 의병을 우리는 '#동의회 의병'이라고 불러요. 동의회 의병이 구성되는 데에는 최재형의 힘이 제일 컸지만, 전 러시아 공사 이범진의 역할도 적지 않았어요. 그는 의병 자금으로 1만 루블을 지원하는 한편, 아들 이위종을 직접 블라디보스토크에 보내 최재형을 돕게 했거든요. 이위종은 헤이그 특사로 파견됐던 세 명 중 한 명이에요. 특히 이위종은 의병 일으키기를 거부해왔던 이범윤을 설득하는 데 큰 공을 세워요. 이범윤이 바로 자기 작은아버지였거든요. 다시 말하면 이범윤은 이위종의 아버지 이범진의 동생이었죠.

하지만 안타깝게도 동의회 의병은 주도권 문제로 처음부터 삐걱대기 시작해요. 문제는 대부분 이범윤에게 있었죠. 그는 양반 의식이 강한 사람이었어요. 그런데 보잘것없는 평민 출신인 최재형의 지휘를 받자니 심술이 난 거죠. 결국 동의회 의병은 지휘권을 하나로 통일하지 못하고 최재형파와 이범윤파로 나뉜 채 작전을 시작했어요. 국경선을 넘어 들어가는 국내 진공 작전이었죠. 안중근은 최재형파가 지휘하는 의병에 속해 '우영장'이라는 직함으로 참전했어요.

동의회 의병은 1908년 7월 두만강을 넘어 약 한 달 동안 여기저기 옮겨다니며 전투를 벌였어요. 하지만 무기와 전투력에서 월등히 앞서는 일본군과 싸우는 일은 결코 만만치 않았어요. 더군다나 최재형파와 이범윤파의 갈등은 끝까지 발목을 잡았죠. 결국 동의회 의병은 일본군에게 크게 패했고, 많은 손실을 입은 채 겨우겨우 도망쳐 돌아올 수밖에 없었어요.

안중근은 한 달간의 전투를 치르는 동안 얼굴을 알아보지 못할 정도로 살이 빠졌어요. 제대로 먹지도 못하고 일본군에 쫓겨 이곳저곳을 돌아다니다 보니, 자연히 그리될 수밖에 없었죠. 안중근 개인에게도 동의회 의병의 국내 진공 작전은 최악이었어요. 동료 부대장들과는 의견이 맞지 않아 제대로 힘을 합쳐 싸울 수 없었고, 부하들 중 일부는 자신의 지휘를 따르지 않고 떠나버리기까지 했거든요.

하지만 그는 포기하지 않았어요. 기력을 회복한 후 다시 의병을 일으키기 위해 여기저기를 돌아다니며 사람들을 설득했죠. 그 과정에서 1909년 2월에 조직한 비밀 단체가 바로 동의단지회였어요. 안중근을 비롯한 12명의 청년들이 왼쪽 네 번째 손가락 첫 마디를 자르며, 죽을 때까지 독립운동을 위해 노력할 것을 다짐한 단체였어요. 동의회 의병의 국내 진공 작전 실패 이후, 급격히 식어간 의병 전쟁의 분위기를 조금이라도 다시 살려보고자 한 노력이었죠.

10월 26일, 운명의 날이 찾아오다

안중근이 스티븐스 저격 사건의 주인공인 공립 협회의 회원 전명운을 만난 것은 바로 이 무렵이었어요. 안중근은 전명운을 서너 차례 만나 의견을 나눴어요. 일제와 싸우는 방법에 관하여, 조국의 국권을 되찾는 방법에 관하여 얘기하고 또 얘기했죠. 아마도 그때였던 것 같아요. 안중근이 일제와 싸우는 차선책으로 '의병 전쟁'을 대신해 '암살'이라는 방법을 떠올리게 된 것은 말이죠.

안중근은 1909년 10월 이토 히로부미가 하얼빈에 온다는 소식을 듣고 곧바로 행동에 나섰어요. 동의회 의병에서 함께 싸웠던 우덕순이 그와 같이하기로 했죠. 이들을 돕기 위해 유동하와 조도선도 합류했고요. 안중근은 이토 히로부미를 처단할 장소로 두 군데를 정해요. 기찻길이 갈라지는 곳이어서 반드시 정차하게 되는 채가구역과 최종 도착지인 하얼빈역이 그곳이었죠. 안중근은 채가구역에 우덕순과 조도선을 배치했어요. 역에 기차가 정차하면 그들이 뛰어올라 이토 히로부미를 처단하기로 했죠. 하얼빈역에는 안중근이 있기로 했어요. 만약 두 사람이 실패하면 그가 거사를 마무리하기 위해서였죠. 통역으로 일행을 도와줬던 유동하는 도중에 집으로 돌려보냈어요. 그는 아직 나이가 너무 어렸거든요.

그렇게 #10월 26일 운명의 날이 다가왔어요. 안중근은 그날 아침 7시경 하얼빈역에 도착했어요. 일본인 환영 인파가 많아서인지 그는 아무런 제지도 받지 않고, 역 안에 들어갈 수 있었어요. 그는 구내 찻집에서 차를 마시며 조용히 열차가 도착하길 기다렸어요.

9시경 요란한 기적 소리와 함께 드디어 기차가 도착했어요. 이때쯤 안중근은 채가구역의 거사가 실패했음을 알았을 거예요. 만약 성공했다면 이렇게 평화롭게 기차가 들어오진 않았을 테니까요. 우덕순과 조도선은 역 안에 있던 여관에서 묵으며 기차가 오기를 기다렸는데, 러시아 헌병의 의심을 받아 여관 밖으로 나와보지도 못했다고 해요. 러시아 헌병이 밖에서 문을 잠갔기 때문이에요.

안중근은 기차가 역에 도착하자 가만히 찻집을 나와 이토 히로부미를 찾았어요. 많은 사람들이 기차에서 내렸기 때문에 누가 이토 히로부미인지 알아보기는 쉽지 않았죠. 그런데 자세히 보니 러시아인들은 모두 군복을 입고 있고, 일본인들은 양복을 입고 있는 것을 알 수 있었어요. 드디어 이토 히로부미로 보이는 사람이 안중근의 눈에 띄었어요. 그는 대열의 맨 앞에서 각국의 외교관들과 인사를 나눈 후 러시아 군인들의 경례를 받으며 나오고 있었죠. 안중근은 러시아 군인들의 뒤에 서 있다가 이토 히로부미가 중간쯤 왔을 때 품에서 권총을 꺼냈어요.

그들의 꿈은 이어지고 이어져⋯

안중근은 의거 직후 곧바로 러시아 당국에 붙잡혀 조사를 받았어요. 그리고 그날 오후 곧바로 하얼빈 일본 영사관에 넘겨져 일제 당국의 조사를 받아야 했죠. 재판은 뤼순에 있는 일본 관동 도독부 지방 법원에서 받게 됐어요.

최재형을 비롯한 연해주의 한인들은 소식을 듣자마자 변호사를 구해 파견했어요. 하지만 일제는 자국의 관선 변호사 외에는 인정하지 않았죠. 제국의 시대, 힘없는 나라의 백성들은 이렇게 자기를 방어할 최소한의 권리도 보장받지 못했어요. 강대국들의 처분이 곧 법이었고, 처분이 내려지면 아무도 그것을 취소할 수 없었죠.

하지만 이는 일본이라는 나라가 얼마나 허약한 모래 위에 세워진 것인지를 증명하는 증거이기도 했어요. 정상적인 재판을 허용할 수 없을 정도로, 그들은 자신들에게 쏟아질 비판 하나도 받아들일 여유가 없었던 거죠. 그 이유는 그들의 제국이 무수히 많은 폭력과 거짓으로 만들어지고 있음을 누구보다 잘 알고 있었기 때문이에요.

안중근은 자신이 이토 히로부미를 사살한 것은 이토 히로부미가 한국을 침략하고 동양의 평화를 해쳤기 때문임을 분명히 했어요. 그는 이토 히로부미가 저지른 죄를 15개 항목으로 제시했어요. 주로 이토 히로부미가 일본의 내각총리로 있을 때나 조선 통감으로 있을 때 저지른 일들이었어요. 명성 황후를 시해한 죄, 고종을 폐위시킨 죄, 을사늑약과 정미7조약을 강제로 체결한 죄, 군대를 해산한 죄, 무고한 한국인을 학살한 죄, 동양의 평화를 깨뜨린 죄 등 어느 하나 가벼운 죄가 없었죠. 재판정에서 안중근은 이렇게 말했어요.

"이번의 거사는 나 개인을 위해 한 것이 아니고 #동양 평화를 위해 한 것이다. 러일 전쟁 때 일본 천황은 이 전쟁이 동양 평화를 유지하고 대한의 독립을 공고히 하기 위한 것이라고 했다. 그런데 이토 히로부미가 한국에 와서 한국 상하의 인민을 속였다. 그것은 일본 천황의 뜻에 반하는 것이었으므로, 국민은 모두 통감에게 원한을 갖게 되었다."

안중근은 또 말했어요.

"이번 거사는 한국의 독립 전쟁이다. 나는 의병의 참모 중장으로서 한국을 위해 이번 일을 한 것이다. 보통의 자객으로 저지른 것이 아니다. 그러므로 나는 보통의 피고인이 아니라 적군에 붙잡힌 포로인 것이다."

맞아요. 안중근은 뼛속까지 한국의 의병이었어요. 그는 나라를 구하기 위해 전쟁에 나섰고, 나라를 구하기 위해 이토 히로부미를 처단한 것이었어요.

일제 당국의 조사를 받는 동안 안중근은 거의 아무것도 말하지 않았어요. 일제의 경찰과 검사가 열심히 조사해와서 구체적인 사실을 들이밀지 않는 한 스스로 먼저 얘기하는 법이 없었죠. 그는 그와 함께했던 모든 사람들을 보호하고자 했어요. 마치 자기 때문에 일제의 탄압을 받는 사람은 아무도 없어야 된다고 생각하는 듯했죠.

특히 안중근은 이토 히로부미를 사살할 때까지 그에게 자금을 대주고 무기를 대준 사람들에 대해 철저히 숨겼어요. 하얼빈에서 발행되던 신문인 《대동공보》의 간부인 유진율과 이강이 그들이었죠. 혹시 이강이 누구인지 기억나나요? 맞아요. 그는 미국의 공립 협회가 국내 지부인 신민회 조직을 돕기 위해 파견했던 인물이에요. 이후 연해주로 건너가 블라디보스토크

지부를 조직했던 사람이기도 하고요. 안창호, 전명운과 연결되었던 인연은 그렇게 이강에게까지 이어지고 있었던 거예요. 어쩌면 이들의 꿈은 이렇게 이어지고 또 이어져 하나의 뜻으로 모아졌는지도 모르겠습니다.

안중근은 1910년 2월 14일 사형을 선고받고 3월 26일 서른두 살의 나이로 순국했습니다.

내 몸이 지하에 들어가는 날,
수백 수천의 독립운동가가 탄생할 것이다

대한 제국 말기 장인환이나 전명운, 안중근처럼 나라의 적을 처단해 일제의 침략을 막으려고 했던 사람이 한 명 더 있어요. 이재명이 바로 그 주인공이에요. 이재명은 장인환이나 전명운이 그랬듯이 미국에 노동자로 이민을 갔던 사람이에요. 전명운과 같이 공립 협회의 회원으로 활동하기도 했고요.

이재명은 1907년 정미7조약이 체결되자 더 이상 가만히 있어서는 안 되겠다고 생각했어요. 그는 일제의 침략을 주도한 이토 히로부미를 처단할 생각으로 귀국했어요. 하지만 안중근의 의거로 이토가 죽자 대표적인 매국노였던 이완용으로 목표를 수정했어요. 그는 동지들을 모으고 총과 칼 등의 무기를 준비해 행동에 들어갔어요.

거사를 치르기로 한 날은 1909년 12월 22일이었어요.

이날 이완용은 벨기에 황제 레오폴드 2세의 추도식에 참가하기 위해 명동 성당에 왔죠. 추도식이 끝난 후 그는 인력거를 타고 돌아가려고 했어요. 그런데 그때 한 남자가 뛰어들어 단도를 휘둘렀어요. 바로 이재명이었죠. 그런데 안타깝게도 인력거꾼이 그를 막으려다 등에 칼을 맞고 현장에서 즉사했어요. 이완용은 어깨와 허리 등을 찔리는 치명상을 입었고요. 하지만 그는 죽지 않았어요. 인근에 있는 병원으로 옮겨져 수술을 받고 운 좋게 살아났죠. 그때의 수술 기록이 지금도 남아 있는데, 이것이 우리나라에서 가장 오래된 외과 수술 기록이라고 해요.

이재명은 현장에서 체포돼 재판에 부쳐졌어요. 그 무렵 우리나라의 사법권은 사실상 일제의 손아귀에 모두 넘어간 상태였기 때문에, 모든 재판은 일제의 의도대로 진행될 수밖에 없었어요. 당시 재판에서는 일본인 판사가 주심을 맡고, 한국인 판사 한 명과 일본인 판사 한 명이 부심을 맡아 모두 세 명으로 재판부를 구성했어요. 하지만 한국인 판사의 존재가 한국인들의 재판권을 보호하는 데 제대로 역할을 하진 못했죠.

이재명의 재판 때도 마찬가지였어요. 일제는 이재명에게 이완용 암살 미수 혐의와 인력거꾼 살해 혐의로 사형을 선고했어요. 변호사들은 인력거꾼 살해는 그가 갑자기 뛰어들어서 어쩔 수 없이 벌어진 일이지 고의로 한 것이 아니라고 항변했지만, 재판부는 받아들이지 않았죠. 이재명이 처음부터 고의로 인력거꾼을 죽이려 했다는 검찰과 재판부의 판단은 누가 봐도 억지에 가까웠지만, 그들의 의도대로 사형이 선고되고 말았던 거예요.

결국 1심 재판 직후 한국인 판사의 역할을 두고 논란이 됐어요. 이재명 재판에는 정구창이라는 한국인 판사가 부심으로 참가했는데, 그는 보성 전문학교 법과 강사이기도 했어요. 재판 후 학교에 강의를 하러 간 그는 학생들의 항의에 직면했죠. 학생들은 이렇게 따졌어요.

"법률상 이재명의 사형 선고는 법리에 적합합니까?"

정구창은 얼굴이 굳은 채 대답을 하지 못했어요. 학생들이 다시 물으며 답변을 요구하자 겨우 입을 열었죠.

"양심에는 허락하지 않지만, 자유가 없으니 어쩌냐?"

학생들이 다시 따지듯 물었어요.

"판결의 자유는 없지만 선고장에 도장을 찍고 안 찍고의 자유도 가지지 못하였단 말입니까? 양심이 허락하지 않음에도 강압에 이기지 못하여 자기 뜻을 굽히는 법률은 우리들이 원하는 법률이 아닙니다."

정구창은 계속 변명만 늘어놓다가, 결국 얼굴을 붉히며 자리를 떠났어요.

이재명은 1심 판결 후 곧바로 상소했지만 재판의 결과를 뒤집을 수는 없었어요. 2심에서도 그는 사형을 선고받고 말았죠. 이재명은 말했어요.

"공평치 못한 법률로 나의 생명을 빼앗지만, 국가를 위한 나의 충성되고 의로운 혼백은 빼앗지 못할 것이다."

또 이런 말도 남겼다고 해요.

"내 몸이 지하에 들어가는 날에는 수백 수천의 이재명이 다시 탄생할 것이다. 한 알의 곡식이 종자로 뿌려지면 수백 수천의 곡식으로 환생함과 같은 것이다. 오늘이라도 통감부를 철폐하고 을사늑약과 정미7조약을 취소하여 빼앗아 간 우리 대한의 권리와 물건을 일일이 다시 되돌려서 후일 일본이 당할 큰 환란을 면하는 것이 좋을 것이다."

이재명은 1910년 9월 30일 순국했습니다. 또 한 번의 억울한 죽음이었습니다.

2부

작은 불씨 1910~1919
우리의 힘으로
세계를 놀라게 하다

나라가 없어졌어요. 많은 사람들이 목숨을 걸고 싸웠지만 일제의 침략을 막을 수 없었죠. 그들은 우리를 식민지로 만들었어요. 조선 총독부를 세우고 헌병과 경찰을 앞세워 강압적으로 통치했죠. 우리에겐 자유가 없어졌습니다. 인간으로서 누려야 마땅한 권리도 대부분 사라졌죠. 어떻게 하면 이 소중한 것들을 되찾을 수 있을까요?

고향 땅을 떠나 중국 만주로 향합니다. 그곳에서 하나부터 열까지 다시 시작했어요. 땅을 파고 밭을 갈아 새로운 터전을 만들고요, 학생과 청년을 가르치고 군사 훈련을 시켰죠. 맞습니다. 우리는 지금 독립군을 기르고 있어요. 일제에 맞서 싸울 우리의 군대예요.

나라가 없다는 건 왜 이리 서러운 걸까요? 거리를 걷는 일본인의 몸짓 하나, 말 한마디 한마디가 하루하루 우리의 감정을 해칩니다. 그들은 입만 열면 '동화'를 이야기해요. 우리를 일본인과 똑같이 교육시키고 대우하겠다는 거예요. 하지만 그건 새빨간 거짓말이었죠. 그들은 사소한 것 하나까지 우리를 차별했으니까요.

이 억압과 차별에서 벗어나려면 우리는 어떻게 해야 할까요? 나라가 있다면 이 모든 억압과 차별에서 벗어날 수 있을까요? 자, 이제 독립을 위해 만세를 부릅니다. 남녀노소 누구나 만세를 부릅니다. 우리의 물결은 전국으로 퍼져나갈 거예요. 우리의 독립 의지를 세계만방에 보여줄 거예요.

5

낡은 옥수수 창고에서 탄생한 비밀 군사 학교

| 신흥 무관 학교와 이회영 일가 |

#이회영 #서간도 #독립운동_근거지 #105인_사건
#신흥_무관_학교 #온_가족이_독립운동 #뼛속까지_명문가

이회영 1867~1932

신민회 간부

"생과 사는 다 같이 인생의 일면인데
 사를 두려워해가지고 무슨 일을
 하겠는가"

수많은 독립 무장 투쟁의 주역이 된 인물들
을 키워낸 신흥 무관 학교가 사실은 낡은 옥
수수 창고에서 탄생했다는 사실, 알고 있었
나요? 독립운동의 근거지가 된 신흥 무관 학
교의 설립 이야기를 읽어봅시다. 그리고 그
속에 얼마나 많은 사람의 피와 땀이 스며있
는지 느껴봅시다.

1910년 8월 압록강 너머 중국 땅을 자세히 답사하는 사람들이 있었어요. 처음엔 한국에서 중국 #서간도로 이주하려는 사람들인가 했죠. 당시엔 그런 사람들이 많았으니까요. 그런데 그들은 왠지 좀 달랐어요. 도로가 잘 닦여 있고 살기 좋은 땅은 마다하고, 자꾸만 산속 깊숙이 은밀한 땅만 보고 다녔거든요. 왜 이들은 길도 정비돼 있지 않고 살기 불편한 땅만 찾아다녔을까요? 도대체 이 사람들의 정체는 무엇이었을까요?

답사 일행 가운데 한 명은 헤이그 특사 파견 당시 고종과 특사 이상설의 연결 고리 역할을 했던 #이회영이었어요. 그리고 다른 한 명은 훗날 임시 정부에서 중요한 역할을 하게 되는 이동녕이었고요. 두 사람은 모두 신민회의 주요 간부였어요. 그들은 신민회의 중요한 임무를 맡아 이곳을 답사하는 중이었죠. 그것은 바로 독립운동 기지를 건설하기에 적합한 곳을 찾는 임무였어요.

신민회 회원들의 집단 이주, '독립 전쟁'의 준비

신민회가 어떤 단체인지 기억나나요? 안창호가 국권 회복과 새 국가 건설을 위해 만들었던 비밀 결사가 바로 신민회였죠. 안창호가 중국으로 망명길에 오른 후 양기탁을 중심으로 한 신민회 지도부는 서둘러 독립운동 기지 건설을 위한 준비에 착수했어요. 그 첫 번째 작업이 바로 중국 서간도 일대를 자세히 답사하는 것이었죠. 그들은 이곳에 #독립운동 근거지를 세우고자 했어요.

신민회의 독립운동 기지 건설 운동이 시작되던 무렵인 1910년 8월 29일, 일제는 대한 제국을 자신의 제국에 강제로 합쳤어요. 이날을 '경술년에 국권을 상실한 치욕스러운 날'이라고 해서 '경술국치'라고 해요. 대한 제국은 역사 속으로 사라졌고, 일제는 우리를 다시 조선이라고 부르기 시작했어요. 일제는 우리 땅에 조선 총독부를 설치하고 모든 권력을 장악했죠. 그들은 식민지라고 부르지 않는 것으로 현실을 속이려 했지만, 조선은 이때부터 명백히 일제가 마음대로 통치하는 식민지가 되고 말았어요.

이회영과 이동녕이 서간도에서 돌아온 후 신민회 지도부가 한자리에 모였어요. 이회영과 이동녕이 찾아낸 곳은 서간도의 류허현 삼원포 추가가라고 하는 지역이었어요. 사방이 산지로 둘러싸여 있어서 일제의 방해를 받지 않고, 땅을 개간하고 군대를 키울 수 있는 곳이었죠. 신민회 지도부는 이날 회의를 통해 서간도 이주를 결정했어요. 가능한 한 많은 사람들을 이주시킨 후 무관 학교를 세우고 군대를 양성하여 독립 전쟁을 수행하기로 했죠. 지역별로 대표를 뽑고 독립운동 근거지 건설에 필요한 자금도 모금하기로 했어요. 지역 대표들은 고향으로 돌아가 이주할 준비를 하는 한편, 함께할 동지와 자금을 은밀히 모으기 시작했어요.

이회영도 집으로 돌아가 형 이건영을 비롯한 형제들을 한자리에 모았어요. 그리고 진지하게 말을 꺼냈어요.

"세상 사람들은 말합니다. 우리 가족은 대한 공신의 후예여서 국가의 은혜와 세상의 덕을 한 몸에 받았다고 말입니다. 그러므로 우리 형제는 국가와 함께할 위치에 있습니다. 이제 한일 합방의 괴변을 당하여 반도 전체가 왜적의 손에 들어갔습니다. 우리 형제가 당당히 명문거족으로 대의를 위해 차라리 죽을지언정 왜적 밑에서 노예가 되어 이 생명을 유지한다면 어찌 동물과 다르다고 하겠습니까."

이회영은 생사를 걸더라도 온 가족이 중국으로 옮겨가 독립을 위해 싸우자고 말했어요. 물론 결정은 쉽지 않았을 거예요. 그 말이 무엇을 의미하는지는 분명했으니까요. 이회영의 말은 그들이 가진 기득권을 모두 내려놓아야 한다는 것을 의미했어요. 모든 권력과 부, 그리고 어쩌면 목숨까지 내놓아야 할지도 몰랐어요. 하지만 형제들은 기꺼이 함께하기로 했어요. 자신들이 가진 모든 것을 걸고 일제에 맞서 싸우기로 한 거죠.

여섯 형제는 서둘러 재산을 팔고 이주를 준비했어요. 특히 큰 부자였던 둘째 이석영의 재산을 포함하니 일가의 재산은 40만 원에 달했어요. 현재의 가치로 정확하게 계산하기는 힘 들지만, 오늘날 구매력으로 환산하면 대략 500억 원 이상의 가치를 가진 것으로 추정되죠. 이 재산이 서간도의 독립운동 기지 건설에 큰 힘이 됐어요.

1910년 12월 여섯 형제의 가족 50~60명이 예닐곱 개의 조로 나누어 길을 떠났어요. 다행스럽게도 별다른 의심을 받지 않고 모두 무사히 국경을 넘었죠. 12월 30일에 압록강을 건넌 이들은 1911년 2월 초에 목적지인 추가가에 도착할 수 있었어요. 그 뒤를 이어 이동녕 가족 등이 이주해왔고, 경북 안동의 이상룡, 김동삼 가족 등도 대열에 동참했어요.

하지만 일제 당국에 체포되는 바람에 이주에 실패한 사람들도 있었어요. 안중근의 사촌 동생 안명근이 황해도에서 자금을 모금하다가 붙잡힌 것이 시작이었죠. 일제는 이때 비로소 비밀 결사 신민회의 존재를 알게 됐어요. 그들은 신민회 회원과 기독교인 600여 명을 체포하고 조사했어요. 그런데 말이 조사지, 실상은 원하는 대답이 나올 때까지 무지막지하게 때리고 갖가지 방법으로 고문을 하는 것이었어요. 이를 통해 일제는 이들에게 조선 총독 암살 미수 혐의를 뒤집어씌웠죠. 이 사건을 흔히 '#105인 사건'이라고 불러요. 재판에 회부되어 1심 재판에서 유죄를 선고받은 사람이 105명이었거든요. 총독은 이들을 모두 끝까지 처벌하고 싶어 했지만, 너무 엉터리로 조사하고 거짓으로 결과를 만들어냈기 때문에 2심 재판에서는 여섯 명을 제외하고 모두 무죄가 선고됐어요. 그 여섯 명도 형이 확정된 지 1년 4개월 만에 풀려났고요. 하지만 이 사건으로 많은 사람들이 죄도 없이 오랜 기간 고생했고, 양기탁, 김구 등 서간도 이주를 준비하던 신민회 회원들은 옮기지 못하게 됐죠. 양기탁은 감옥에서 풀려난 후에야 서간도로 오게 돼요.

남의 나라에서 산다는 것

그럼 중국 서간도로 이주한 이회영 가족 등 한인들은 어땠을까요? 추가가로 이주한 한인들은 초기부터 여러 가지 어려운 문제에 부딪혔어요. 제일 먼저 한인들을 힘들게 한 것은 추위였어요. 흔히 중국 만주에서는 겨울만 5개월이 넘도록 계속된다고 합니다. 그만큼 대륙의 추위는 적응하기 힘들었어요. 또 물 때문에 생기는 풍토병도 심각했어요. 적당한 식수가 없다 보니 눈을 녹여 먹거나 도랑, 강물, 나무뿌리 밑에 고인 물을 먹었는데 그게 문제였죠. 깨끗하지 않은 물이 심각한 병을 일으켰던 거예요. 노약자나 어린아이들은 병이 난 지 얼마 되지 않아서 치료도 제대로 해보지 못하고 목숨을 잃었다고 합니다. 이주 첫해에 초상이 나지 않은 집이 없다고 할 정도로 피해가 극심했죠.

중국인들의 한인 배척도 문제였어요. 이회영의 가족들은 중국 지방 당국에 고발까지 당했죠. 중국인들이 살림을 실은 짐차 수십 대가 들어오는 걸 보고, 한인들이 일본과 힘을 합쳐 쳐들어온다고 생각해 당국에 신고했던 거예요. 중국인들은 당장 먹을 식량이나 생활에 필요한 물건들조차 팔려고 하지 않았기 때문에, 한인들은 금세 생활이 곤란해졌어요. 결국 한인들은 어쩔 수 없이 중국인의 옷을 입고 변발을 하기로 했어요. 이렇게까지 해야 하는 상황이 화도 나고 부끄러웠지만, 중국에서 살려면 어쩔 수가 없었죠.

이주한 한인들이 당장 거주할 집과 땅을 살 수 없었던 것도 큰 문제였어요. 중국의 법에 의하면 중국인으로 귀화해야 땅을 살 수 있었는데, 귀화의 조건이 10년 이상 중국에 거주해야 한다는 것이었기 때문이에요. 이회영은 중국의 실력자 위안스카이를 만나 문제 해결을 부탁했어요. 지난날 위안스카이가 조선에 들어왔을 때 이회영의 아버지와 개인적으로 친분을 나눈 적이 있었거든요. 다행히 위안스카이는 예전의 인연을 모른 척하지 않았어요. 그 덕분에 1912년 4월 귀화를 인정하는 임시 증명서를 간신히 받게 되었죠.

하지만 문제는 이것만이 아니었어요. 말을 타고 다니면서 도

적질을 하던 마적들의 횡포도 극심했거든요. 그들은 사람들을 납치해 고액의 몸값을 요구했죠. 어느 날 이회영 형제의 집에도 마적들이 들이닥쳤는데 불행히도 이석영이 납치되고, 이회영의 부인 이은숙은 어깨에 총을 맞았어요. 다행히 이석영은 중국군이 출동해 무사히 구출됐지만, 이은숙은 죽음의 위기 속에 40일이 넘도록 치료를 받아야 했습니다.

남의 나라에서 산다는 것이 이렇게 힘들었어요. 물도 다르고 풍습도 다르다 보니, 모든 것을 다시 배우고 익혀야 했죠. 하지만 한인들은 땅을 갈아 농사를 짓고 아이들을 가르치며, 모든 것을 처음부터 다시 시작했습니다.

목표를 위해 하나로 뭉친 이주민들

땅이 없으면 어떻게 먹을 것이며 나라가 없으면 어떻게 살 것인가. 나의 몸이 죽으면 어느 산에 묻고, 우리 아이가 자라면 어느 집에 살 것인가. 나는 모른다 하지 마라. 우리 재산을 내가 잊으면 어찌 저들이 빼앗아가지 않겠는가. 나는 무죄다 하지 마라. 타고난 역할을 내가 버리는데 어찌 저들이 엿보지 않겠는가. 눈물을 흘리며 하늘이 다하도록 치욕을 받겠는가. 아니면 힘을 길러 마지막 결과를 보겠는가. -1911년, 〈경학사 취지서〉 중

1911년 봄, 이회영 등 추가가의 한인들은 실업과 교육의 장려와 군사 훈련 실시를 목적으로 '경학사'라는 단체를 조직했어요. 그리고 한인을 위한 교육 기관으로 신흥 강습소를 설립했고요. 이것이 바로 다음 해에 그 유명한 #신흥 무관 학교로 발전하게 되죠.

　신흥이란 신민회의 '신'과 다시 일어난다는 의미의 글자 '흥'을 합한 것으로, 나라를 새롭게 일으킨다는 뜻이었어요. 그런데 학교를 학교라고 부르지 않고, 강습소라고 부른 이유는 뭘까요? 그것은 중국이나 일제의 의심을 받지 않기 위해서였어요. 최대한 별것 아닌 듯이 보여서 관심을 사지 않으려고 한 거죠. 신흥 강습소의 첫 학교 건물은 중국인에게 빌린 옥수수 창고였어요. 중국인들은 우리에게 제대로 된 건물을 빌려주려고 하지 않았거든요. 하지만 이 모든 어려움을 극복하고, 1911년 겨울 1회 졸업생이 나왔어요. 단기간 군사 훈련을 받고 졸업한 학생 40여 명이 그들이었죠.

　추가가의 한인들은 귀화를 인정하는 임시 증명서를 받은 후부터 집과 토지를 살 수 있었어요. 단 중국 행정 당국은 자국민들과의 갈등을 최소화하기 위해, 중국인들이 별로 살지 않는 합니하라는 지역으로 이주할 것을 요구했죠. 다행히 합니하는 농사짓기에도 적당하고 군대를 키우기에도 적합했어요. 한인들은 합니하에 대규모 땅을 구입해 집단적으로 이주했어요.

　　　　　　　　　　청소년을 위한 해시태그 한국 독립운동사

그리고 1912년 7월에는 신흥 강습소도 건물을 새로 크게 지어 옮겨왔죠. 이 모든 것은 이석영의 재산이 있었기 때문에 가능했어요. 이때부터 정규 4년 과정의 중등 교육과 군사 교육이 시작됐어요. 3개월과 6개월로 구성된 단기 군사 교육 과정도 있었고요. 이때부터 신흥 강습소는 밖에서는 그렇게 부르지 못했지만, 안에서는 '신흥 무관 학교'라고 불렸어요.

하지만 고난은 끝이 없었습니다. 이주한 첫해부터 계속된 흉년으로 이주민들의 삶은 하루하루가 힘겨워졌어요. 학교의 살림도 위태위태했죠. 그때마다 이석영이 추가로 자금을 대서 폐교되지 않게 도왔어요. 학생들은 시간을 쪼개 학교 뒤 논밭을 갈아 힘을 보탰고요, 이주민들 역시 가진 것은 없었지만 짚신이라도 만들어 학교의 살림에 보탰어요. 서간도의 독립운동 기지 건설 운동이 다른 지역과 달리 오래도록 지속될 수 있었던 비결은 바로 이것이었어요. 모두가 이주해온 목적을 잊지 않고 하나로 뭉쳐 목표를 이루기 위해 노력했던 덕분이었죠.

한마음으로 단결해 키워낸 소중한 군대

신흥 무관 학교는 한 해 한 해 성장했어요. 점점 졸업생도 늘어갔죠. 졸업생들은 '신흥 학우단'이라는 단체를 만들어 스스로 마을을 지키고, 잡지를 만들어 주민들의 의식을 일깨우고, 각종 독립운동에 참가했어요. 신흥 학우단은 서간도의 독립운동을 움직이는 젊은 기동대 같은 역할을 했다고 평가되고 있습니다. 여기에 더하여 졸업생들은 '백서 농장'이라는 것도 만들었는데, 지속적인 군사 훈련을 하며 군사력을 유지하기 위한 목적이었어요. '농장'이라는 이름은 군대의 존재를 숨기기 위해 일부러 위장한 것이었고요.

1919년 3·1 운동이 일어나자 독립운동을 위해 만주로 넘어오는 사람들이 급격하게 늘어났어요. 신흥 무관 학교를 찾아오는 사람도 폭발적으로 증가해서 1919년에만 신입생이 600여 명에 달할 정도였죠. 그들의 나이는 10대부터 60대까지 다양했어요. 나라를 되찾겠다는 마음에는 나이 제한이 없었던 거예요. 신흥 무관 학교는 곳곳에 분교를 세워 몰려오는 학생들을 교육시켰어요. 3개월 단기로 군사 훈련을 시키는 교육장도 여러 곳에 만들었죠.

이때 신흥 무관 학교에 몰려온 사람들 중에는 일본군을 탈출해 망명해온 이들도 있었어요. 일본 육군 사관 학교를 졸업하고 일본군 장교로 일하다가 온 사람들이었죠. 지청천, 김경천, 신팔균 등이 그들이었어요. 이들의 망명은 독립운동에 뛰어들기 위해 서간도에 온 사람들에게 큰 힘이 되었어요. 특히 지청천은 신흥 무관 학교의 교관이 되어, 일본군에서 배운 신진 군사 기술을 모두 전수해주었죠. 이로 인해 신흥 무관 학교의 군사 교육 수준은 월등히 올라가게 되었어요. 지청천의 유일한 단점은 수업 시간에 가끔씩 튀어나오는 일본어였다고 해요. 일본어로 배운 군사 기술을 가르치다 보니, 자기도 모르게 저지르는 실수였죠.

이렇게 신흥 무관 학교가 훈련시킨 졸업생들은 3500여 명에 달합니다. 이들은 모두 뜨거운 가슴을 안고 일제에게 빼앗긴 나라를 되찾기 위해 독립운동에 뛰어든 사람들이었죠. 신흥 무관 학교의 졸업생들은 한인들이 일으킨 수많은 독립운동에서, 그리고 대표적인 독립 전쟁이었던 청산리 대첩에서 주력으로 활약하게 됩니다. 이들은 서간도의 한인들이 한마음으로 단결해 키워낸 소중한 군대였습니다.

6

친일 부자들을 벌벌 떨게 한 편지 한 통
| 대한 광복회의 최고 지도자, 박상진 |

#박상진 #대한_광복회 #의병_세력 #애국_계몽_운동_세력
#박상진:_돈_내세요 #부자들:_싫소! #친일_부자_저승사자

박상진 1884~1921
대한 광복회 총사령

"나라는 회복할 것이요,
 적은 멸망할 것이요,
 공적은 길이 남을 것이다"

사회주의, 민족주의로 사상이 나뉘듯 과거의 독립운동
세력도 두 갈래로 나뉘었다는 거 알고 있었나요? 의병
운동 계열과 애국 계몽 운동 계열이 있었는데 독립운동
을 바라보는 시각이 달라 협력하기가 쉽지 않았어요.
그런 어려움을 딛고 두 계열을 합쳐 결성한 단체가
있으니, 바로 대한 광복회예요. 박상진을 필두
로 한 이 단체의 독립운동은 어땠을까요?

1915년 8월의 어느 날, 대구 달성 공원에 한 무리의 사람들이 모여들었어요. 하얀 두루마기 차림의 선비도 있었고 검은 양복을 입은 신사도 있었죠. 날은 무더웠지만 그들은 그늘에 모여 앉아 시를 읊으며 한가로이 시간을 보냈어요. 누가 보아도 시를 즐기는 사람들의 평범한 모임처럼 보였죠. 하지만 그것은 일제 경찰의 눈을 피하기 위한 것일 뿐, 모임의 목적은 따로 있었어요. 바로 독립운동을 위한 비밀 단체를 조직하는 것이었죠. 과연 이 사람들은 누구이고, 이 단체는 어떤 단체였을까요?

편안한 삶 vs 험난한 길

이날 1910년대 조직된 비밀 결사 가운데 가장 조직 규모가 크고, 조선 사회를 떠들썩하게 만들었던 '#대한 광복회'가 탄생했어요. 단체의 조직을 주도한 사람은 #박상진이었어요. 그는 양반 명문가에 재산도 상당했던 집안의 맏아들이었죠.

박상진의 스승은 허위였어요. 어딘지 익숙한 이름이지 않나요? 맞아요, 허위는 13도 창의군의 군사장으로 서울 진공 작전에 참가했던 대표적인 의병장이죠. 스승이 의병장으로 활약할 때 박상진은 양정의숙이라는 학교에서 법률과 경제 등 근대적인 학문을 배우고 있었어요. 그가 이 학교에 들어간 것도 허위의 권유 때문이었죠. 그런데 1908년 6월 불행히도 허위가 일본군에 체포돼, 그해 10월 경성 감옥에서 처형되고 말았어요. 박상진이 받았을 충격이 어느 정도였을지 상상이 가나요?

스승의 시신을 수습하고 장례를 치르는 책임은 오롯이 박상진에게 맡겨졌어요. 허위의 가족이 모두 만주로 피신해 장례를 치를 사람이 없었기 때문이에요. 허위의 형 허겸은 동생이 체포되자 의병을 일으킬 생각으로, 경북 칠곡의 큰 부자 장승원을 찾아갔어요. 장승원은 경상북도 관찰사가 될 때 허위에게 큰 도움을 받으면서, 이후 허위가 의병을 일으키게 되면 자금을 대주기로 약속했거든요. 하지만 장승원은 허위가 의병을 조직할 때 돈을 주길 거부했고, 허겸이 자금을 요청했을 때에는 오히려 일제 경찰에 신고하기까지 했어요. 이로 인해 체포될 위기에 처하자 허겸은 허위의 가족과 함께 만주로 피신했던 거예요. 그래서 박상진이 허위의 장례를 책임지게 되었던 거죠.

이후 박상진은 양정의숙을 졸업하고 1909년 판사 임용 시험에 응시했어요. 결과는 합격이었죠. 그는 다음 해 봄 평양 지원 판사에 임용됐어요. 하지만 그는 부임하지 않았죠. 아직 나라가 완전히 망한 것은 아니지만, 이 시기에 판사가 되어 일한다는 것은 일제의 식민 통치를 그대로 받아들인다는 것과 크게 다르지 않았거든요. 그런데 박상진이 판사 시험에 응시한 것을 보면, 그는 마지막까지 두 가지 길 사이에서 망설였던 것 같아요. '일제의 통치에 순응해서 편안한 삶을 살 것인가', 아니면 '스승의 길을 따라 독립운동의 험난한 길을 갈 것인가' 하는 것이었죠. 고민 끝에 그는 민족의 독립을 위해 살기로 결심했어요. 이후 5년이 넘는 시간 동안 그는 조선과 중국을 오가며 자신과 뜻을 함께할 사람들을 모았어요. 그리고 달성 공원의 회합을 통해 그들을 하나로 묶어냈죠. 1910년대 최고의 비밀 결사 대한 광복회는 그렇게 탄생했어요.

생각도, 목표도 다른 두 세력이 합칠 수 있었던 이유

대한 광복회의 가장 큰 특징은 서로 다른 두 개의 세력이 하나로 뭉쳤다는 거예요. 한쪽은 박상진의 스승 허위와 연결된 옛 #의병 세력이었고요, 다른 한쪽은 교육과 산업으로 민족의 실력을 키우자고 주장했던 #애국 계몽 운동 세력이었어요.

　원래 이 두 세력은 생각의 차이가 커서 힘을 하나로 합치기가 힘들었어요. 하지만 일제가 대대적인 토벌 작전으로 의병 세력을 초토화하고, 105인 사건 등 대규모 조직 사건으로 계몽주의 세력을 탄압하면서 상황이 달라지기 시작했죠. 경찰과 군대를 앞세운 일제의 강압적인 통치하에서 제대로 활동할 수 없었던 두 세력은 생각이 다르더라도 조선의 독립이라는 목표만 같다면, 일단 힘을 합쳐 현재의 상황을 돌파해야 한다고 결심하게 된 거예요.

두 세력은 서로가 다르다는 사실을 인정하는 가운데, 서로의 생각과 방법을 공유하기 시작했어요. 애국 계몽 운동 인사들 중 일부가 의병 세력의 독립 전쟁론을 받아들이고, 의병 세력 중 일부가 애국 계몽 운동 세력의 입헌 공화 정치를 받아들이는 식이었죠. 입헌 공화 정치란 국민이 선출한 대표자가 헌법에 따라 주권을 행사하는 정치를 말해요. 1911년에 일어난 중국의 신해혁명, 1917년의 러시아 혁명, 1918년의 독일 혁명이 시대가 달라졌음을 보여주는 증거였어요. 이들 나라에서는 혁명으로 왕이 통치하는 시대가 끝나고, 국민이 나라의 주인이 되는 시대가 열렸거든요.

대한 광복회는 바로 이런 시대 변화의 한복판에 자리했어요. 그러다 보니 성격이 다른 것들이 함께할 수 있었죠. 입헌 공화 정치를 원하는 사람들과 왕의 시대가 다시 돌아오길 원하는 사람들이 '독립'이라는 공동의 목표를 위해 함께 싸웠던 거예요. 그렇다면 이런 특징을 가진 대한 광복회는 어떤 사람들로 구성되었을까요?

대한 광복회의 최고 지도자는 박상진이었어요. 바로 옆에서 그를 보좌한 이는 우재룡과 권영만이었죠. 조직의 살림을 책임졌던 재무부장은 경주 최 부잣집의 후손으로, 훗날 임시 정부에 많은 독립운동 자금을 건넨 것으로 유명한 최준이 맡았어요. 그 외 대한 광복회는 8도에 지부를 두었는데, 경상도는 채기중, 충청도는 김한종, 황해도는 이관구 등이 지부장을 맡았어요.

자신의 모든 것을 희생해, 국내외 독립 세력을 키우다

대한 광복회는 어떤 방법으로 민족의 독립을 이루고자 했을까요? 박상진은 중국에서 신해혁명이 일어나는 것을 직접 보고 굉장히 충격을 받았어요. 그래서 조선의 독립도 혁명의 방법으로 해야 한다고 생각했죠. 즉 일본이 세계의 강대국들과 갈등 끝에 충돌하여 고립되는 결정적인 시기에, 국내의 혁명 세력과 해외에서 키운 군대가 동시다발적으로 무장봉기를 일으켜 일본을 무너뜨리고 독립을 이루겠다는 것이었어요. 혁명이라는 방법만 제외하면 기본적으로 신민회의 계획과 비슷하죠? 그 이유는 박상진이 스승 허위의 형 허겸을 통해 신민회 출신 사람들과 긴밀히 만나고 있었기 때문이에요. 그는 신민회의 독립운동 기지 건설 운동을 관찰하며, 자신의 독립운동 방법을 가다듬었어요. 신흥 무관 학교가 어려울 때면 경제적 지원도 아끼지 않았는데, 이를 위해 1912년에는 '상덕태상회'라는 곡물 상점까지 설립했죠. 당시 곡물 상점은 거래 지역이 아주 넓어서 사람이나 돈이 국경을 오가도 의심을 받지 않았거든요.

대한 광복회 계획의 핵심은 '국내에 혁명 세력을 조직하는 것'과 '해외에 독립군을 기르는 것'이었어요. 박상진은 국내에 혁명 세력을 키우기 위해 우선 지부 조직을 확대해나가며, 국내외에 곡물 상점의 형태로 연락 거점을 설치했어요. 중심 거점의 역할은 당연히 상덕태상회가 맡았죠. 그는 상덕태상회를 중심으로 국내외에 자본금 1만 원 정도의 상점을 100여 개 설치하는 것을 목표로 했어요. 경북 영주의 대동 상점, 중국 안둥(현재의 단둥)의 삼달 양행, 중국 창춘의 상원 양행 등이 대표적인 곡물 상점이자 연락 거점이었어요.

한편 대한 광복회는 해외 독립군 양성에도 최선을 다했어요. 그 결과 1915년 12월 박상진은 중국 지린에 우재룡, 주진수 등을 중심으로 해서 지린 광복회를 조직해요. 이 대한 광복회의 만주 지부는 농사를 지어 자급자족하면서, 독립군을 모집하고 군사 훈련을 책임질 기관이었어요. 박상진은 지린 광복회를 위해 7만 원이라는 큰돈을 지원했어요. 1915년 직급이 가장 낮은 조선인 관리의 월급이 15원이었으니, 이를 기준으로 오늘날 구매력으로 환산하면 대략 70억 원이 넘는 돈이에요.

지린 광복회의 초대 책임자는 황해도 의병 출신인 이진룡이었어요. 그런데 그는 다음 해인 1916년 자금을 마련하기 위해 운산 금광의 현금 수송 마차를 습격했다가 경찰에 붙잡히고 말았어요. 박상진은 하루빨리 새 책임자를 선임하여 지린 광복회를 정상화해야 했죠. 그는 자신이 가장 믿을 수 있는 사람을 책임자로 선임했어요. 일찍부터 의형제를 맺고 뜻을 함께해오던 동지였죠. 지린 광복회의 새 책임자는 훗날 청산리 대첩의 영웅이 되는 김좌진이었어요. 그는 이때부터 중국 지린과 인연을 맺게 됐어요.

박상진은 지린 광복회를 위해 다시 6만 원이라는 큰돈을 지원해요. 독립운동을 위해서라면 그는 돈을 아끼지 않았죠. 이 많은 돈이 모두 어디서 나온 걸까요? 당시 그가 상덕태상회라는 큰 곡물 상점을 운영하고 있었으니, 거기서 번 돈으로 지원했으리라 생각하기 쉬워요. 하지만 나중에야 모든 것이 밝혀졌죠. 그가 자기 집안의 재산을 팔아 독립운동을 하고 있었다는 사실이요. 그는 독립운동을 위해 자신의 모든 것을 희생하고 있었던 거예요.

해외에 독립운동 근거지를 만들고 군대를 키우는 일은 많은 시간과 자금이 필요한 일이에요. 특히 자금은 언제나 충분하지 않았죠. 부족한 자금을 개인의 돈으로 채워 넣는 것도 한계가 있었어요. 대한 광복회는 자금을 마련할 수 있는 다른 방법을 고민하기 시작했어요. 전국의 부자들에게 독립운동 자금을 모금하는 것이 그중 하나였죠.

부자들이 처단의 대상이 된 이유

박상진은 고민 끝에 전국의 부자들에게 독립운동에 참여할 것을 권유하고, 독립운동 자금을 모금하기로 했어요. 그는 중국 지린에 있던 우재룡을 불러서, 모금 운동의 뜻을 밝히는 포고문과 전국 유명 부자들의 이름과 주소, 재산 정도가 적힌 문서를 건네며 편지의 발송을 부탁했어요.

중국 지린으로 돌아온 우재룡은 등사기로 필요한 만큼 포고문을 인쇄했어요. 그리고 전국의 부자들에게 보낼 독립운동 자금 모금 청구서도 여러 장 인쇄했고요. 재산 정도에 따라 금액을 모두 다르게 적었죠. 부자들에게 보낼 편지가 완성되자 우재룡은 안둥과 펑톈(현재의 선양) 각지의 우체국을 돌며 몇 장씩 편지를 발송했어요. 편지의 발송 작업은 국내의 각 지부도 나눠 맡았어요. 편지 발송을 나눈 것은 일제 당국의 의심을 최대한 피하고, 위험을 최소화하기 위해서였죠.

며칠 후 대한 광복회의 포고문이 각지의 부자들에게 도착했어요. 대한 광복회의 회원들은 부자들의 집을 관찰하며 반응을 살폈죠. 그들은 돈을 마련할 시간을 준 후 모금을 위해 부자들의 집을 비밀리 방문할 예정이었어요. 그런데 편지를 받은 대부분의 부자들이 경찰에 신고를 했어요. 현실은 냉정했죠. 부자들이 대한 광복회의 뜻을 순순히 따라주리라고 생각한 것은 아니었지만, 이 정도로 차가울지는 예상하지 못했죠. 경찰의 경계가 시작되면서 대한 광복회 회원들은 긴장할 수밖에 없었어요.

　물론 대한 광복회의 편지를 받고 신고하지 않은 부자들도 많았어요. 하지만 그렇다고 해서 그들이 광복회가 요구한 대로 독립운동 자금을 내놓은 것도 아니었어요. 모금액은 계획했던 금액에 비해 터무니없이 적었어요. 성과가 보잘것없자 대한 광복회 내에서는 부자들에 대해 특단의 조치를 취하자는 의견이 높아졌어요. 대한 광복회는 친일적인 악질 부자들을 처단하기로 했어요. 이것이 독립운동 자금의 모금 성과를 높여줄 뿐 아니라, 조선의 독립운동을 고조시킬 계기가 될 것이라고 확신했죠. 소수의 사람들이 암살이나 파괴의 방법으로 무력 투쟁을 벌여 독립운동의 분위기를 고조시키는 것을 '의열 투쟁'이라고 불러요. 대한 광복회의 의열 투쟁은 이렇게 시작되었죠.

　대한 광복회가 첫 번째 처단 대상자로 선정한 인물은 전 경상북도 관찰사 장승원이었어요. 앞에서 얘기했었죠? 장승원이 박상진의 스승 허위에게 약속했던 의병 자금 지원을 거부하고, 허위의 형 허겸이 요청했을 때에는 경찰에 신고까지 했다고요. 하지만 이런 이유만으로 그를 처단하고자 한 것은 아니었어요. 장승원은 대한 제국 말기에 고종의 토지 일부를 빼앗아 자신의 재산으로 만들었죠. 게다가 자기 땅을 빌려 농사짓는 소작인을 때려 죽게 해놓고는, 그 사실을 숨기기 위해 의사를 매수하는 등 많은 악행을 저질렀어요. 그래서 첫 번째 처단 대상으로 지목된 거죠. 장승원 외에도 전국의 몇몇 부자들이 처단의 대상이 됐는데, 개인적인 악행과 함께 대한 광복회의 뜻에 따르지 않고 경찰에 신고했다는 이유에서였어요.

대한 광복회는 사라졌지만…

장승원 등 부자들에 대한 처단이 시작되자 조선은 발칵 뒤집혔어요. 순식간에 대한 광복회의 존재가 세상에 널리 알려졌고, 일제 당국은 곧바로 대대적인 수사에 착수했죠. 박상진을 비롯한 대한 광복회 회원들은 즉시 모든 활동을 접고 은신했어요.

하지만 불행히도 충청도 지부가 경찰에 꼬리를 잡히면서 조직이 드러나기 시작했어요. 몇 년에 걸쳐 공들여 쌓은 탑이었지만, 무너지는 것은 한순간이었죠. 대한 광복회의 국내 조직은 어떻게 해볼 틈도 없이 무너졌어요. 1918년 박상진과 채기중, 김한종 등 주요 간부들이 모두 체포되고 말았죠. 박상진은 1921년 8월 11일 대구 감옥에서 사형이 집행됐어요. 그의 나이는 겨우 38세였어요. 충청도 지부장 김한종과 경상도 지부장 채기중도 사형이 집행돼 모두 순국하고 말았고요.

국내 조직이 무너지자 중국의 지린 광복회도 큰 타격을 받았어요. 국내의 지원이 모두 끊긴 상태에서 지부 조직을 유지하기는 힘들었죠. 시간이 지나면서 지린 광복회 역시 역사 속으로 사라져갔어요. 하지만 이것으로 모든 것이 끝난 것은 아니었어요. 대한 광복회에 참여했던 사람들이 남아 있었으니까요. 그 중심에 김좌진이 있었어요. 그는 지린 광복회에서 시작한 독립군 양성의 꿈을 잊지 않고 실천에 옮겼어요. 훗날 그는 그렇게 키운 군대로 청산리 대첩을 승리로 이끌었습니다.

7

만세 시위는 왜 3월 1일에 일어났을까?

| 민족 최대의 독립운동, 3·1 운동 |

#학생들 #3·1_운동 #민족_자결주의 #2·8_독립_선언
#민족_대표 #민족의_힘을_보여줘

학생들

"조선도 자유의 나라가 되고 싶어서
독립을 원하는 것입니다"

3·1 운동이 3월 1일에 일어났다는 건 너무나 당연한 사실이라고요? 하지만 왜 다른 날이 아니라 3월 1일에 일어났는지 생각해본 적 있나요? 만세 시위가 3월 2일도, 3일도 아닌 1일에 일어난 데에는 다 이유가 있었어요. 그 비하인드 스토리가 궁금하다면 다음 글을 읽어봅시다!

1918년 11월 미국 대통령 윌슨(Woodrow Wilson)의 특사 크레인(Charles Crane)이 상하이에 왔어요. 그는 1차 세계 대전을 마무리하기 위해 열리는 파리 강화 회의를 선전하고자 중국에 왔죠. 그는 자신의 환영회에서 이렇게 연설했어요.

"파리 강화 회의의 목적은 세계 평화와 식민지 민족을 해방하는 것이다."

이날 크레인의 연설을 조선의 청년 독립운동가 여운형이 들었어요. 그는 곧바로 크레인에게 달려가 물었죠.

"조선도 일제의 식민 통치로 억압받고 있으니 이 기회에 해방 운동을 일으키고 싶다. 우리도 대표를 파리에 파견하여 우리 민족의 사정을 호소할 수 있는가?"

그러자 크레인이 대답했어요.

"할 수 있다. 내가 돕겠다."

여운형은 동지들과 의논한 끝에 외국어를 잘하는 김규식을 파리 강화 회의에 대표로 파견하기로 했어요. 그리고 조선의 독립을 요청하는 문서를 작성해 한 통은 파리 강화 회의에 제출하고, 한 통은 미국의 대통령 윌슨에게 보냈죠. 또한 여운형은 조선 민족이 크게 독립운동을 해서 세계만방에 우리 민족의 독립 의사를 널리 알릴 필요가 있다고 생각했어요. 그는 이를 위해 각지에 동지들을 파견했어요. 조선에는 김철과 선우혁을, 일본에는 장덕수를, 만주와 연해주에는 자신이 직접 가서 민족 전체가 함께하는 독립운동을 하자고 호소했죠. 최대의 민족 운동이자 독립운동이었던 #3·1 운동은 이렇게 시작됐어요.

종교인과 학생들이 힘을 합치다

1차 세계 대전이 끝나고 세계는 변화의 바람에 휩싸였어요. 세계의 강대국들이 서로 더 많은 식민지를 갖겠다고 싸우다가 세계 전쟁까지 치른 후여서, 더 이상 이렇게 싸워서는 안 되겠다고 반성하는 사람들이 많았죠. 전쟁을 완전히 끝내고 세계 평화를 유지할 방법으로 '#민족 자결주의'가 등장했어요. 민족 자결주의란 '각 민족은 자신의 정치적 운명을 스스로 결정할 권리가 있고, 다른 민족의 간섭을 받을 수 없다'는 주장이에요. 민족 자결주의를 가장 열렬히 주장한 사람은 미국의 윌슨 대통령이었죠. 그는 전 민족이 독립에 대한 열망을 드러낸다면 독립을 고려할 수 있다고 말했어요. 전 세계의 식민지 사람들은 그의 말에 열광했죠. 그리고 가슴 가득 기대를 품고 행동을 시작했어요. 여운형 등 중국 상하이에 있던 한인들이 움직이기 시작한 것도 이 때문이었죠. 이들만이 아니었어요. 시대의 변화를 읽고 움직이기 시작한 사람들이 곳곳에 나타났어요. 어떤 사람들이 있었는지 살펴볼까요?

상하이 한인들에 이어 행동에 나선 건 일본에 있던 조선인 유학생들이었어요. 1919년 1월 6일 일본에 있던 조선인 유학생들은 독립운동의 필요성을 공감하고, 대표를 선출해 독립운동에 나섰어요. 이들은 독립운동의 방법을 논의하는 한편, 국내에 있는 사람들에게 독립운동을 촉구하기 위해 송계백이라는 학생을 조선에 파견했어요. 2월 8일 유학생들은 〈독립 선언서〉를 발표하고 이것을 일제의 각 관공서와 각국 공사관에 보냈어요. 이것을 '#2·8 독립 선언'이라고 불러요. 유학생들은 여기서 그치지 않고 조선의 독립운동을 돕기 위해 귀국할 것을 결의해요. 3·1 운동 기간 동안 조선으로 돌아온 유학생들은 359명에 달했어요. 이들은 자신의 고향으로 달려가 3·1 운동에 주도적으로 참여했어요.

한편 조선에 있던 사람들도 세계의 변화를 느끼고 독립운동을 고민하게 돼요. 가장 먼저 고민을 시작한 이들은 손병희를 중심으로 '천도교'라는 종교를 믿는 사람들이었어요. 그때 상하이에서 여운형이 보낸 김철이 도착해 독립운동을 권유하죠. 얼마 후 일본의 유학생들이 파견한 송계백도 도착해서, 자신들이 작성한 〈독립 선언서〉를 전하며 독립운동을 촉구했고요. 이것이 결정적인 계기가 되어 드디어 천도교인들이 독립운동을 결심하게 됩니다. 조선에서 독립운동을 한다는 것은 목숨을 걸어야 할지도 모르는 위험한 일이었어요. 하지만 천도교인들은 이 모든 것을 알면서도 기꺼이 독립운동에 참여하기로 한 거예요.

그런데 이때 기독교인들도 독립운동을 준비하고 있다는 소식을 듣게 돼요. 기독교인들도 비슷한 시기에 독립운동을 고민하고 있다가, 상하이에서 여운형이 보낸 선우혁을 만난 참이었거든요. 그래서 천도교인들과 기독교인들은 함께 힘을 합쳐 독립운동을 하기로 합니다. 또 조금 늦긴 했지만 불교인들도 일부 참여하게 되죠. 종교인들은 〈독립 선언서〉를 작성하고 자신들의 조직을 동원해, 각지에서 집회와 시위를 준비했어요.

그런데 종교인들만 독립운동을 도모한 것은 아니었어요. 서울의 #학생들도 자신들만의 〈독립 선언서〉를 작성하고, 각 학교의 학생들을 조직해 집회와 시위를 계획했어요. 전문학교(현재의 고등학교 수준의 학교) 학생들이 앞장을 서고, 고등 보통학교(현재의 중학교 수준의 학교) 학생들이 그 뒤를 받쳤지요. 여학생들도 남학생들과 조직적으로 연결되어, 독립운동에 적극 참여했고요.

종교인들은 학생들이 따로 독립운동을 준비하고 있다는 사실을 알고, 자신들의 계획에 함께해달라고 요청했어요. 고민 끝에 학생들은 독자적인 〈독립 선언서〉 발표를 포기하는 대신, 집회와 시위는 자신들의 계획대로 하겠다는 조건으로 종교계의 독립운동에 함께하게 됩니다.

이것으로 일제의 의심을 받지 않고 모일 수 있는 사람들이 모두 독립운동에 주도적으로 나서게 됐어요. 당시에 일제는 조선인들에게 집회와 시위의 자유를 허용하지 않았기 때문에, 의심의 눈초리를 피해 여러 사람이 모일 수 있는 곳은 학교와 종교 기관밖에 없었어요. 그런데 흥미롭게도 학교에 다니는 학생들과 종교 기관에 다니는 종교인들이 모두 독립운동을 주도하게 되었던 거죠.

3·1운동은 왜 3월 1일에 일어났을까?

독립운동의 목표는 세계만방에 우리의 독립 의지를 밝히고, 파리 강화 회의에서 국제적 합의를 통해 조선의 독립을 얻어내는 것이었어요. 이러한 뜻을 〈독립 선언서〉에 담아 천도교인 15명, 기독교인 16명, 불교인 2명 등 총 33명이 #민족 대표라는 이름으로 서명하기로 했죠.

독립운동을 벌일 날은 어떻게 정했을까요? 그건 고종의 장례일과 관련이 있어요. 고종은 1월 21일 갑자기 서거했어요. 황제의 죽음은 조선인들의 마음을 크게 흔들어놓았죠. 나라를 지키지 못한 무능한 왕이었지만, 그래도 그는 조선을 상징하는 국왕이었으니까요. 그런 그가 큰 병도 없이 갑자기 서거하니 사람들은 의심하기 시작했어요. 혹시 누군가에 의해 독살된 것이 아닌가 하고요. 의심은 분노를 불렀고, 분노는 사람들을 어디로 움직일지 알 수 없게 만들었죠. 결과적으로 그의 죽음은 3·1 운동에 상당한 영향을 미쳤습니다.

분위기가 이렇다 보니 독립운동은 고종의 장례식이 있는 3월 3일 전후에 해야 한다는 의견이 당연하게 받아들여졌어요. 그즈음 고종을 추모하는 사람들이 전국 각지에서 모여들면 경찰의 집회 금지 방침은 자연히 풀릴 테니까요. 경찰 입장에서는 조심, 또 조심할 수밖에 없는 상황이었어요. 국왕의 죽음을 추모하러 모여든 사람들을 잘못 막았다가, 대중의 분노를 일으켜서는 안 될 테니까요.

날이 갈수록 고종이 독살됐다는 소문이 퍼져나가면서, 장례식 때 폭동이 일어날지도 모른다고 생각하는 사람들이 많았어요. 그래서 독립운동의 계획자들은 장례식 전에 독립 선언을 해야 한다고 생각했죠. 그런데 장례식 전날인 3월 2일은 일요일이어서 기독교인들이 교회에 가야 했기 때문에, 하루 더 앞당겨 3월 1일에 독립 선언을 하기로 정했죠. 장소는 탑골 공원으로 결정했고요. 결과적으로 이것이 신의 한 수가 됐어요. 조선 총독부가 전혀 알아채지 못했으니까요.

〈독립 선언서〉는 2월 27일 밤 천도교가 운영하는 인쇄소에서 2만 1000매가량 인쇄됐어요. 이 선언서는 기독교와 천도교가 자신들의 조직을 이용해, 각 지방으로 비밀리에 옮겼고요.

서울 시내의 배포는 학생들이 책임졌어요. 마지막 날 밤 학생들은 정동 교회에서 선언서를 받아 3월 1일 새벽부터 배포를 시작했죠. 그렇게 모든 준비가 끝나고 아침이 밝았어요.

평범한 보통 사람들의 함성 '대한 독립 만세!'

3월 1일은 평소와 크게 다르지 않았어요. 며칠 전부터 고종 황제를 추모하는 많은 사람들이 덕수궁 앞에 모여 있었다는 점이 조금 달랐을 뿐이죠. 이날은 오전에만 일하고 오후에는 쉬는 토요일이라, 오후가 되자 점점 거리에 사람이 많아졌죠. 큰일이 벌어질 거라는 어떤 조짐도 없었어요. 일제 경찰과 군대의 움직임도 특이한 것은 없었고요. 이날 새벽 일제 경찰과 군대가 시내에 떨어진 〈독립 선언서〉와 기타 선전물들을 줍기는 했지만, 이것이 장난인지 아닌지 정확히 판단하는 데 시간이 걸렸죠. 오후 무렵 뭔가 의심스럽다고 생각한 경찰이 비로소 조선 기독교 YMCA 건물에 들이닥쳤는데, 여기서는 독립운동 준비를 한 적이 없기 때문에 아무런 증거도 찾지 못했죠.

그 무렵 탑골 공원에는 이미 많은 사람들이 모여 있었어요. 긴장과 기대가 가득 찬 얼굴로 많은 학생과 시민들이 독립 선언식이 시작되길 기다리고 있었죠. 그런데 아무리 시간이 흘러도 민족 대표들은 나타나지 않았어요. 그들은 대체 어디에 있었던 걸까요? 사실 민족 대표들은 하루 전날 열린 마지막 회의에서 계획을 바꿨어요. 그들은 학생들이 주도하는 집회에서 독립 선언식을 하게 되면 무질서해지고, 자칫 폭동이 일어날지도 모른다고 생각했어요. 그래서 자신들은 따로 명월관 지점이라는 한정식집에 모여서 독립 선언을 하기로 결정했죠. 안타깝게도 그들은 학생과 민중을 믿지 못했어요. 이것이 3·1 운동에서 가장 아쉬운 한 장면이에요.

민족 대표들은 명월관 지점에서 독립 선언을 한 후 종로 경찰서에 전화를 걸어 그 사실을 알렸어요. 경찰은 그들을 경무총감부(경찰 최고 기관)로 모두 붙잡아 갔어요. 그들은 자신들의 역할을 '독립 선언'까지로 한정한 거예요. 사실상 3·1 운동을 지도하는 역할을 포기한 거죠.

하지만 제대로 된 지도자도 없고 통일된 계획 또한 없었음에도 불구하고, 3·1 운동은 민족 최대의 독립운동이 됐어요. 어떻게 그럴 수 있었을까요? 평범한 보통 사람들이 지도자가 필요할 땐 스스로 지도자가 되고, 계획이 필요하면 스스로 계획을 세우면서 부족한 부분들을 자발적으로 채워나갔기 때문이에요. 이것이 3·1 운동의 가장 큰 특징이자 장점이 되었어요.

이날 탑골 공원에서도 그랬죠. 민족 대표들이 나오지 않자, 학생인지 시민인지 알 수 없는 한 사람이 앞으로 나가 〈독립 선언서〉를 큰 소리로 낭독했어요. 누구의 아이디어인지 알 수 없

　　　　　　　　　청소년을 위한 해시태그 한국 독립운동사

지만 사람들은 두 개의 대열로 나뉘어 한쪽은 덕수궁 쪽으로 향하고, 한쪽은 동대문 쪽으로 행진했죠. 사람들은 목소리가 쉴 때까지 '대한 독립 만세'를 외치며 미국, 영국, 프랑스 등 각국 영사관에 들러 〈독립 선언서〉를 전달했어요. 시위 대열의 최종 목적지는 조선 총독부가 있는 진고개(현재의 충무로2가)였어요. 사람들은 저녁 무렵까지 시위를 멈추지 않고 계속했어요. 특히 이날 시위에는 여학생들이 함께해 큰 화제가 되기도 했습니다. 당시 조선은 여성이 자유롭게 사회생활을 할 수 있는 분위기가 아니었기 때문에, 여학생들이 거리에 나와 시위에 동참하는 것 자체가 놀라운 일이었거든요.

서울에서는 3월 5일 남대문역(현재의 서울역)에서 한 번 더 큰 시위가 벌어졌어요. 만세 시위를 한 번으로 끝내선 안 된다고 생각한 학생 지도부의 굳은 의지가 만들어낸 시위였어요. 이날 시위에는 3월 1일에 모였던 사람들보다 세 배나 많은 사람들이 운집했어요. 학생들이 열심히 선전한 결과이기도 했지만, 사람들이 3월 1일 시위에서 일제 경찰과 군대가 제대로 진압하지 못하고 우왕좌왕하는 모습을 보았기 때문이기도 했죠. 사람들은 그 모습을 보고 크게 용기를 얻었던 거예요.

마음을 하나로 합치면, 그것만큼 큰 힘은 없다

3월 1일 서울과 평양, 진남포, 안주, 의주, 선천, 원산 등 일곱 개 도시에서 동시다발적으로 독립 선언 집회와 시위가 벌어졌어요. 그리고 만세 시위는 다음 날부터 주변 도시와 농촌으로 퍼져나가기 시작했어요. 누가 시킨 것도 아니었는데 사람들은 자발적으로 집회를 계획하고 시위를 벌여나갔죠.

조선 사람들이 이렇게 만세 시위에 열심이었던 이유는 무엇일까요? 그것은 일상에서 벌어지는 일본인들의 차별적 대우가 조선인들을 분노하게 만들었기 때문이에요. 조선인들은 지금 자신들이 살기 어려운 이유를 나라가 없어져서라고 생각했어요. 나라만 다시 선다면, 현재 자신을 억압하는 모든 것에서 벗어날 수 있으리라 여겼죠. 조선인들이 원한 것은 자유였어요. 그래서 너도나도 거침없이 만세 시위에 뛰어들었던 거예요.

일제는 경찰과 군대, 소방대까지 총동원해 폭력적으로 시위를 막았어요. 서울에서는 외국인들의 시선을 의식해 시위대에게 총을 쏘진 않았지만, 다른 곳에서는 첫날부터 총까지 쏘며 조선인들을 진압했죠. 경찰과 소방대가 휘두른 칼과 갈고리에 심각한 부상을 당하는 경우도 많았어요. 이런 이유로 전국 각지에서 조선인들의 인명 피해가 속출했죠. 경찰이나 헌병에 체포되는 사람들도 많아서 전국의 감옥이 가득 찼고요.

조선인들의 만세 시위는 3월이 지나고 4월이 지날 때까지 좀처럼 수그러들지 않았어요. 결국 일제는 본국에서 더 많은 군대를 데려와 조선인들을 막아야 했죠. 조선인들의 집회와 시위는 5월과 6월까지 계속되다가 겨우 사그라들었어요. 파리 강화 회의가 종료될 무렵이었죠. 많은 기대를 했던 파리 강화 회의는 아무런 성과 없이 끝났어요. 김규식은 민족의 대표로 열심히 활동했지만, 조선의 문제는 강대국들의 비협조로 회의의 정식 안건도 되지 못했어요. 파리 강화 회의에서 국제적 합의에 의한 독립의 가능성을 더 이상 꿈꾸기 힘들게 되면서, 결국 만세 시위도 멈추게 된 것이죠.

하지만 민족 최대의 독립운동이었던 3·1 운동은 많은 사람들에게 잊지 못할 경험을 남겼어요. 그중 가장 소중한 것은 '마음을 하나로 합하면 그것만큼 큰 힘은 없다'는 깨달음이었죠. 이제 조선인들은 일본인들의 부당한 대우와 차별이 벌어질 때 참고만 있지 않게 됐어요. 기회가 되면 하나로 뭉쳤고 만세를 부르며 문제를 고치려 했죠. 일제는 언제나 압도적인 폭력과 강압을 휘둘렀지만, 조선인들은 그들의 통치에 순응하지 않고 끊임없이 항거했어요. 3·1 운동이 수많은 독립운동가들을 만들어낸 것이죠. 그들은 중국 만주와 상하이로 달려가 독립운동의 새로운 주역이 되었어요.

열여섯 어린 소년은
왜 국경을 넘어야 했을까?

김산(본명 장지락)이라는 유명한 독립운동가가 있어요. 1919년 만주 지린성에서 결성된 '의열단'에 들어가 중심인물로 활약하다가, 사회주의에 투신해 평생 동안 사회주의 운동을 펼치며 독립운동을 했던 사람이죠. 그의 삶은 님 웨일스(Nym Wales)라는 미국 여성 저널리스트를 통해 널리 세상에 알려졌어요. 그녀가 중국 공산당을 취재하러 갔다가 우연히 김산을 알게 되고, 수차례의 인터뷰를 통해 그의 삶을 담은 『아리랑(Song of Ariran)』이라는 책을 발간했거든요.

『아리랑』에는 놀라운 내용이 많아요. 가슴 아픈 대목도 많고요. 대부분 김산이 평생 독립운동을 하며 겪어야 했던 이야기들이에요. 이 책에 의하면 김산은 겨우 열여섯의 나이에 국경을 넘어 중국 만주로 갔어요. 도대체 어떤 일이 있었길래 그 어린 나이에 국경을 넘었던 걸까요?

그것은 바로 3·1 운동이었어요. 김산이 편안한 삶을 접고 고난의 삶을 선택한 이유였죠. 그는 평양에서 어느 기독교 재단이 운영하는 고등 보통학교에 다니고 있었어요. 나이는 불과 열다섯 살이었고요. 그런데 3월 1일 담임 선생님이 반 아이들에게 함께 거리에 나가자고 하죠. 그는 기독교인이었는데, 당시 평양의 기독교인들은 적극적으로 3·1 운동에 참여했거든요. 김산은 거리에서 일제의 강압적인 진압에 희생된 기독교인을 직접 목격하기도 하고, 거듭 시위에 참가했다가 사흘 동안 유치장에 갇히기도 했죠. 거리에서의 경험은 김산의 삶을 완전히 뒤집어놨어요. 『아리랑』에는 이렇게 적혀 있죠.

"대중 운동의 힘이 내 존재를 뿌리부터 뒤흔들어놓았다."

김산은 3·1 운동이 끝난 후 무작정 일본 도쿄로 갔어요. 노동을 하면서 상급 학교로 진학할 생각이었죠. 하지만 도쿄에서의 삶은 고통스러웠어요. 돈을 벌기도 힘들었고, 공부를 계속하기도 어려웠죠. 결국 그는 조선으로 돌아왔어요. 그리고 다음 해 홀로 국경을 넘었죠. 맞아요. 그는 가만히 앉아서 공부만 하고 있을 수 없었던 거예요. 3·1 운동으로 뜨거워진 가슴을 도저히 삭일 수 없었던 거죠.

김산은 중국 서간도와 상하이에서 활동하는 독립운동

세력의 보살핌 속에 어엿한 독립운동가로 성장하게 돼요. 그는 신흥 무관 학교에서 3개월 단기 교육 과정의 군사 훈련을 마치고, 의열단 단원이 되어 본격적으로 독립운동에 투신하죠. 이후에는 사회주의 운동을 하면서 평생 동안 나라의 독립을 위해 힘썼고요.

김산의 삶에서 알 수 있듯이 3·1 운동은 많은 조선인들의 마음을 뒤흔들어놓았어요. 더 이상 가만히 있어서는 안 된다고, 이 세상을 바꾸려면 스스로 일어나야 한다는 사실을 알려준 사건이었죠. 3·1 운동의 영향으로 많은 조선인들이 김산처럼 편안한 삶을 뒤로하고, 독립운동에 뛰어들었어요. 그리고 그들이 독립운동의 새로운 차원을 열었습니다.

3부

독립 전쟁 1919~1929
독립, '꿈'에서 '현실'로…

　　　　　모든 준비가 끝났습니다. 이제 우리는 우리 손으로 임시 정부를 세우고 독립 전쟁에 나섭니다. 3·1 운동 이후 많은 청년들과 학생들이 국경을 넘어왔어요. 일제와 싸우겠다고 기나긴 길을 묻고 물으며 찾아왔죠. 그들은 훈련하고 또 훈련해 멋진 독립군으로 다시 태어났어요. 그리고 일제와의 독립 전쟁에 나서게 됐죠.

　독립군을 먹이고 입힌 것은 누구인가요? 중국 만주와 러시아 연해주의 우리 동포들이에요. 그들은 남의 땅에서 농사를 지으며 겨우겨우 살아가면서도 한 푼

두 푼 모아서 독립군을 도왔어요. 그 돈으로 총을 사주고 폭탄을 구입해줬죠.

　우리에게 독립군만 있었던 건 아닙니다. 소수 정예로 조직되어 '암살과 파괴'로 일제에 맞섰던 '의열단'도 있습니다. 그들은 일제의 심장에 폭탄을 던집니다. 온갖 수단과 무기로 싸웁니다.

　우리가 원한 것은 독립입니다. 민주주의입니다. 하지만 우리가 가장 바란 것은 바로 '자유'입니다.

8

독립운동을 지휘할 최고 기관을 세워라!

| 대한민국 임시 정부의 명과 암 |

#현순 #국호 #대한민국_임시_정부 #민주_공화제
#대한으로_망했으니_대한으로_흥하자 #행복하자_싸우지_말고

현순 1880~1968
임시 정부 외무 차장

"10년의 노예 생활을 벗어나
오늘에 다시 독립 대한의
국민이 되었도다"

3·1 운동 이후 우리 민족은 깨달았죠. 우리도
민족적으로 힘을 합쳐 운동할 수 있다는 것,
그리고 그렇게 뭉쳤을 때 강력한 무기가 된다
는 것을요. 그래서 독립운동을 지휘할 최고 기
관을 만들었어요. 바로 대한민국 임시 정부죠.
1919년 수립되어 해방을 맞이할 때까지 우리
의 독립운동사와 함께해온 대한민국 임시 정부
의 이야기. 함께 알아볼까요?

3·1 운동이 한창 진행 중이던 1919년 3월, 중국 상하이에 조선인들이 눈에 띄게 불어났어요. 상하이의 조선인들을 감시하기 위해 파견된 일본인 관리가 '원래 100명 수준이던 조선인이 갑자기 500명으로 늘었다'고 조선 총독부에 급히 보고할 정도였죠. 조선인들은 일본과 미국에서도 오고, 중국 만주와 러시아 연해주에서도 왔어요. 그리고 조선에서 온 사람들도 있었죠. 그들은 대체 무엇을 하려고 상하이로 모인 걸까요?

사람들이 상하이로 모여든 이유

그들은 본격적으로 독립운동을 하기 위해 모인 사람들이었어요. 그들 중에는 민족 대표 33인이 파견한 사람도 있었죠. #현순이라는 감리교 목사였어요. 그는 서울에서 기독교인들과 함께 3·1 운동을 준비하다가 영어를 잘한다는 이유로 상하이에 파견됐죠. 예전에 미국 하와이로 이민을 가서 목사로 활동한 관계로 영어에 능숙했거든요. 그의 일차적 임무는 상하이의 여러 나라 영사관에 〈독립 선언서〉를 돌리고, 여러 언론에 3·1 운동 소식을 전하는 것이었어요.

이를 위해 현순은 상하이에 '독립 임시 사무소'를 차렸어요. 자연히 사람들은 그를 중심으로 모여들었죠. 그는 민족 대표 33인을 대표한 사람이었으니까요. 게다가 현순은 국내에서 받아온 활동 자금도 충분히 갖고 있었어요. 기독교인들은 3·1 운동을 준비하는 과정에서 자금이 풍부한 천도교에 독립운동 자금으로 5000원을 빌렸는데, 현순은 그중 2000원을 활동 자금으로 받았어요. 정확하게 계산하기는 힘들지만, 구매력으로 환산하면 현재 가치로 약 2억 원 정도에 해당하는 큰돈이었어요.

'대한으로 망했으니, 대한으로 흥하자'

독립 임시 사무소에서는 3·1 운동 이후 무엇을 할지 논의하기 시작했어요. 사람들은 대부분 독립운동을 지휘할 최고 기관을 조직해야 한다고 생각했죠. 최고 기관은 정부 형태로 만들어야 한다고 주장하는 사람이 많았어요. 논의를 거듭한 끝에 드디어 4월 10일 밤, 입법 기관인 '임시 의정원'을 구성했어요. 우리 역사상 최초의 국회였죠. #국호는 여러 의견이 있었지만 '대한민국'으로 정해졌어요. '#대한으로 망했으니 대한으로 흥하자'라는 논리였죠.

회의는 날을 지새우며 다음 날까지 계속됐어요. 국호를 정한 후에는 정부 조직을 정하고 내각 구성원을 선정했어요. 대부분 미국, 러시아 연해주, 중국 만주 등에서 활동하는 독립운동가 가운데 가장 힘 있고 영향력이 큰 인물들이 선정됐죠. 이들을 상하이로 불러들여 임시 정부의 간부로 일해달라고 부탁할 계획이었어요.

최고 지위인 '국무총리'에는 미국에 있는 이승만이 선정됐어요. 이승만은 미국 하와이의 한인 사회에서 종교 지도자 겸 교육자로 활동하며 유명해진 인물이었죠. 특히 그는 서울·경기·충청 출신의 기독교인들에게 민족의 미래를 책임질 지도자로 큰 기대를 받았어요. 독립 임시 사무소의 독립운동가들 중에도 이 지역 기독교인들이 많았기 때문에, 이승만이 국무총리로 선임될 수 있었던 거예요. 이승만에게는 굉장한 행운이었죠.

정부 조직이 완료된 후에는 헌법인 '대한민국 임시 헌장'이 제정되었어요. 10개 조항으로 구성된 짧은 헌법이었지만, 여기엔 우리 민족이 절실하게 원하는 것들이 담겨 있었어요. 모든 종류의 자유와 평등, 그리고 민주주의였죠. 다른 민족의 지배를 받다 보니 비로소 소중함을 알게 된 가치들이었어요. 이로써 4월 11일 '#대한민국 임시 정부'가 수립됐어요.

세 개의 임시 정부를 통합하라

그런데 임시 정부는 상하이에서만 만들어진 것이 아니었어요.

3·1 운동 이후 사람들 사이에서 독립운동의 최고 기관을 만들 겠다는 생각이 널리 퍼짐에 따라, 곳곳에서 임시 정부가 조직 됐던 거죠. 특히 명확한 추진 세력이 있었던 정부는 상하이 임 시 정부 외에 두 개가 더 있었어요. 하나는 러시아 연해주에서 만들어진 '대한 국민 의회'였고, 다른 하나는 국내에서 만들어 진 '한성 정부'였죠.

민족의 힘을 하나로 모아 독립운동의 최고 기관을 만들려고 한 것인데, 졸지에 그것이 세 개가 됐으니 독립운동가들은 하 루빨리 세 개의 임시 정부를 하나로 통합하려고 했죠. 이 문제 를 주도적으로 해결한 사람은 1919년 5월 미국에서 상하이로 들어온 안창호였어요. 그는 대한민국 임시 정부와 대한 국민 의회를 모두 해산하고, 국내에서 만들어진 한성 정부의 조직안 대로 통합 정부를 구성하자고 제안했죠.

대한민국 임시 정부와 대한 국민 의회는 임시 정부의 위치를 상하이에 둘지, 연해주에 둘지를 두고 논쟁을 벌였어요. 상하 이는 안전하고 교통이 편리할 뿐 아니라 세계 강대국들의 정보 를 알기 쉬웠고, 연해주는 광범위한 한인 사회가 있고 조선과 국경을 맞대고 있어 독립운동을 하기 좋았죠. 양측은 논의 끝 에 임시 정부의 위치를 당분간 상하이에 두기로 했어요. 국호 도 '대한민국 임시 정부'로 정했고요.

마침내 1919년 9월 이승만을 대통령으로 하고, 이동휘를 국무총리로 하는 통합된 대한민국 임시 정부가 출범했어요. 헌법도 대폭 고쳐서 '대한민국 임시 헌법'을 공포했어요. 이것으로 대한민국 임시 정부는 우리 역사상 최초로 삼권 분립에 기초한 민주 공화제 정부로 거듭났어요. #민주 공화제란 주권을 가진 국민이 대표자를 선출하고, 그 대표자가 헌법에 따라 주권을 행사하는 제도를 말해요. 삼권 분립은 입법은 임시 의정원, 행정은 국무원, 사법은 법원이 맡는 형태로 나뉘었어요. 곧이어 연해주에서 온 이동휘가 국무총리에 취임하고 노동국 총판에 안창호, 내무총장에 이동녕, 재무총장에 이시영 등이 자리하면서 임시 정부는 서서히 자리를 잡아가기 시작했어요.

'독립 전쟁'을 선포하다

대한민국 임시 정부는 민족을 대표하는 정부이자, 독립운동을 지도하는 최고 기관이 되어야 했어요. 이를 위해 가장 필요한 것은 무엇이었을까요? 그것은 연락망과 자금이겠죠? 이를 위해 임시 정부는 통신 기관으로 교통국을 설치하여 국내와 해외의 독립운동가들과 정보, 자금을 연결하는 업무를 담당하게 했죠. 특히 중국 만주의 안둥에는 아일랜드계 영국인 조지 쇼(George Shaw)가 경영하는 무역 회사 '이륭 양행'에 교통국 지부를 설치해 국내와 연결하는 거점으로 삼았어요. 자신도 나라를 잃은 처지였던 조지 쇼는 많은 위험에도 불구하고 우리나라 사람들을 돕는 데 노력을 아끼지 않았어요.

이와 함께 임시 정부는 국내의 도·군·면에 '연통제'라는 비밀 행정 조직을 만들었어요. 연통제는 임시 정부가 발표하는 법령이나 공문을 국내에 퍼뜨리고, 독립운동 자금을 모으거나 독립 전쟁에 대비해 국내의 중요 군사 정보를 조사·보고하는 업무를 담당했죠. 많은 노력 끝에 임시 정부는 국내 40여 개의 비밀 단체와 관계를 맺는 데 성공했어요. 이들은 임시 정부의 방침에 따라 활동하며 독립운동 자금을 모으고, 그 돈을 임시 정부로 보냈어요. 임시 정부의 영향력이 국내까지 이르게 된 거죠.

임시 정부는 중국 만주와 러시아 연해주, 미국에 있던 한인 자치 조직을 '민단'이라는 이름으로 임시 정부 아래에 통합하려고 했어요. 그리고 해외 동포들에게 독립 공채를 발행하여 독립운동 자금을 모금했죠. 이것은 모두 영토와 국민이 없는 임시 정부의 약점을 극복하고, 지도력을 확장하려는 노력이었어요. 또한 임시 정부는 《독립신문》을 발행해 독립운동 소식을 전하는 한편, 임시 사료 편찬 위원회를 설치하고 『한일 관계 사료집』을 간행해 독립 의식을 높이고자 했어요.

임시 정부는 독립운동의 전략도 다듬었어요. 임시 정부의 초기 전략은 파리 강화 회의의 영향으로 외교를 통한 독립이 중시됐어요. 하지만 파리 강화 회의에서 조선의 독립 문제를 논의하는 것이 실패로 돌아가자 이전의 주장은 약해지고, 독립 전쟁을 통해 독립을 하자는 주장이 점차 강해졌어요. 독립 전쟁을 강력히 주장했던 사람은 국무총리 이동휘였어요. 그의 영향으로 1920년 1월, 임시 정부는 1920년을 '독립 전쟁의 해'로 선포했어요. '무장 투쟁론', 즉 독립 전쟁론이 '외교 독립론'을 누르고 임시 정부의 공식적인 독립운동 전략으로 확정된 것이죠. 이 무렵 만주에는 3·1 운동의 영향으로 서로 군정서, 북로 군정서 등 20개 이상의 독립군 부대가 조직되어 있었어요. 이들은 대부분 임시 정부를 지지했어요. 이 역시 이동휘의 영향이 컸죠. 임시 정부는 '대한 광복군 총영'이라는 독립군 부대를 직접 운영하기도 했어요. 이를 통해 독립군 부대들에 대한 지휘력을 확보해, 장차 독립운동의 최고 기관으로 거듭나는 것이 궁극적인 목표였죠.

대한민국 임시 정부는 점점 자신의 영향력을 강화해갔어요. 하지만 그 힘을 계속해서 유지하기란 쉬운 일이 아니었어요. 일제는 임시 정부가 힘들게 만들어놓은 교통국의 연결망과 연통제를 무너뜨렸고, 임시 정부와 연결된 비밀 단체들을 대부분 검거해버렸거든요.

문제는 이것만이 아니었어요. 임시 정부는 만주에서 봉오동 전투와 청산리 대첩이 벌어졌을 때, 제대로 된 지도력을 발휘하지 못했어요. 일제가 독립군의 배후 지역을 없애기 위해 만주의 동포들을 무참히 학살한 '간도 참변' 때에도 마찬가지였죠. 그 결과 임시 정부의 무능을 비판하는 사람들이 많아졌고, 지지를 선언했던 독립운동 단체들도 아무것도 하지 못하는 임시 정부를 더 이상 지지하지 않게 됐어요. 임시 정부는 독립운동의 최고 기관이라는 지위를 확고히 하는 데 실패하고 말았던 거예요. 만약 문제의 원인이 외부에만 있었다면 해결하기 쉬웠을지도 몰라요. 하지만 안타깝게도 문제는 내부에 있었어요. 대체 임시 정부에서는 무슨 일이 있었던 걸까요?

갈등과 분열을 일으킨 자는 누구인가?

문제의 핵심은 임시 정부를 구성한 여러 정치 세력들의 갈등과 분열이었어요. 그 중심에는 이승만이 있었고요. 이승만은 임시 정부의 거듭된 요청에도 상하이로 오지 않고, 미국 워싱턴에서 '구미 위원부'라는 조직을 만들어 미국 정부에 대한 외교 활동을 벌였어요. 그러면서 그는 미국과 상하이에서 상당한 영향력을 가지고 있던 안창호를 견제하려고 했어요. 안창호를 지지하는 세력의 힘을 약화시키고, 자신을 지지하는 사람들의 힘을 강화해 미국에서 임시 정부를 자기 뜻대로 조종하려고 했죠.

이승만은 미국의 한인들이 매달 힘들게 일해 한 푼 두 푼 모아서 보내주는 독립운동 자금은 물론, 독립 공채 발행 권한까지 독점했어요. 그리고 그렇게 독점한 자금을 마음대로 사용하면서 임시 정부에는 찔끔찔끔 최소한의 금액만 보내주었죠. 당시 임시 정부는 미국 한인들의 자금을 받지 못하면 사실상 운영이 힘든 상태였어요. 이로 인해 임시 정부는 만성적인 재정 적자에 허덕일 수밖에 없었죠.

이승만이 임시 정부의 운영에 방해가 된다는 사실이 명확해지자, 국무총리 이동휘는 이승만을 물러나게 하고 안창호와 함께 정부를 운영하는 개혁안을 제출했어요. 그러자 이승만이 1920년 12월 상하이로 왔어요. 임시 정부에서 쫓겨날 위기에 처했으니 어쩔 수 없었던 거죠. 임시 정부는 이승만이 상하이에 오자 잠시 동안 활기가 돌았어요. 여하튼 그는 대통령이었으니까요. 하지만 기대는 오래가지 못했어요. 이승만은 이동휘나 안창호 등과 협력할 생각이 전혀 없었거든요. 그저 자기 마음대로 임시 정부를 운영하고 싶어 했죠.

결국 1921년 1월 이승만과 갈등을 빚던 이동휘는 국무총리를 사직하고 상하이를 떠났어요. 자신이 제기한 정부 개혁안이 제대로 논의조차 되지 않았기 때문이죠. 이동휘가 떠난 후 임시 정부의 상황은 점점 더 악화되기만 했어요. 그러자 임시 정부의 변화를 원하는 독립운동가들이 '국민대표 회의'를 하자고 주장하고 나섰어요. 현재의 임시 정부는 너무 문제가 많으니,

중국 만주와 러시아 연해주 등 각지의 독립운동가들이 모두 모여 임시 정부의 문제를 해결할 방법을 찾아보자는 것이었어요.

이에 안창호와 김규식 등 대부분의 독립운동가들이 국민대표 회의에 동참했어요. 그러자 이승만은 도망치듯 미국으로 돌아가버렸죠. 그 무렵 세계의 강대국들이 각국의 무기를 줄이는 협상을 하기 위해 워싱턴 회의를 열기로 했는데, 여기에 가서 외교를 통해 조선의 독립 문제를 제기하겠다는 것이 그의 핑계였죠. 하지만 워싱턴 회의에서 조선 문제를 논의에 부친다는 것은 파리 강화 회의 때보다 실현 가능성이 훨씬 낮았어요. 그의 말에 호응하는 사람이 별로 없었던 이유죠. 아니나 다를까, 워싱턴 회의는 아무런 성과 없이 허무하게 끝났어요. 이후 외교를 통해 독립을 하겠다고 주장하는 사람은 아무도 없었어요.

대통령 이승만의 탄핵

1923년 1월 국민대표 회의가 개최됐어요. 국내외 독립운동 세력 대부분이 참가해 6개월 동안이나 진행된 대규모 회의였죠. 하지만 참가자들은 두 개의 세력으로 나뉘었어요. 현재의 임시 정부를 개혁하자는 '개조파'와 완전히 새롭게 임시 정부를 구성하자는 '창조파'가 그것이었죠. 이들은 의견 차이를 좁히지 못하고 분열했어요.

창조파는 새 정부를 구성해서 러시아 연해주로 이동했어요. 하지만 소련 정부는 일본의 군사 개입을 걱정해 이들을 모두 추방했죠. 결국 창조파가 만든 새 정부는 허무하게 무너지고 말았어요.

개조파는 상하이의 임시 정부로 돌아가, 다시 한번 임시 정부 개혁을 추진했어요. 이들은 이승만이 대통령으로서 상하이에 근무해야 함에도 불구하고, 대부분의 기간을 미국에서 보내고 있다는 이유로 대통령의 직무를 정지시켰어요. 그리고 임시 의정원의 동의를 거치지 않은 불법 기구라는 이유로 구미 위원부도 폐지했죠. 마지막은 이승만 대통령의 탄핵안 제출이었어요. 근무지를 무단으로 이탈하고, 재정 수입을 방해하고, 임시 의정원과 임시 정부, 임시 헌법을 부정한 것이 탄핵의 주요한 이유였어요. 결국 1925년 3월 이승만은 탄핵됐어요. 이로써 임시 정부의 운영과 독립운동 세력의 통일을 방해했던 이승만은 임시 정부에서 완전히 쫓겨났어요.

상하이의 독립운동가들은 임시 정부를 정상화하려는 노력을 계속했어요. 임시 헌법을 개정해 임기가 없던 대통령제를 3년 임기의 국무령 중심의 내각 책임제로 바꿨죠. 국무령의 임기를 3년으로 제한한 이유는 대통령의 임기를 정하지 않아, 대통령을 그만두게 하려면 탄핵할 수밖에 없었던 어려움에서 배운 소중한 교훈 때문이었어요. 임시 정부는 그렇게 조금씩 민주주의를 학습해나갔던 거죠.

 독립운동 세력을 하나로 통일하려는 노력도 계속됐어요. 독립운동 세력이 분열하면 민족의 독립도 없다는 각성의 결과였죠. 하지만 한번 놓친 기회는 쉽게 돌아오지 않았어요. 갈등과 분열로 독립운동 최고 기관이 될 기회를 날려버린 임시 정부는 아주 오랫동안 침체기에 빠져들었어요.

9

안중근과 의형제를 맺은 이가 밀정이었다고?

│ 여섯 청년의 스러진 꿈, 철혈 광복단 │

#임국정 #철혈_광복단 #15만_엔 #엄인섭 #밀정
#임꺽정_아님 #적은_내부에_있다

임국정 1894~1921
철혈 광복단 단원

"조선 독립에는
반드시 무장 운동이 필요하고,
그 운동에는 금전이 요구된다"

일본이 조선의 독립운동 세력을 탄압하기 위해 엄청난 돈을
썼다는 걸 알고 있나요? 그런 일본에 대항하기 위해선 우
리도 많은 돈이 필요했지만, 독립운동을 위한 자금은 항상
부족했죠. 이런 고민을 해결할 기가 막힌 방법을 생각해
낸 사람들이 있으니, 바로 철혈 광복단이에요. 이들
이 고안해낸 방법은 무엇이었을까요?

1920년 1월 4일 일요일 저녁이었어요. 이제 막 해가 떨어져서 사방이 어둑어둑해질 무렵이었죠. 내일이 보름이라 동쪽 산 위에는 가득 차오른 달이 떠오르기 시작했고요. 달빛에 이곳을 지나는 큰길이 희미하게 빛났어요. 이 길은 조선 회령에서 중국 지린성 룽징으로 연결되어 있었어요. 룽징은 일찍부터 한인들이 많이 살던 곳이죠. 회령에서 룽징으로 향하다 보면 도착할 무렵 강을 하나 만나게 되는데, 이 강을 건너 언덕 위에 오르면 그리 멀지 않은 곳에 룽징의 불빛이 보여요. 그 불빛을 보면 '이제 다 왔구나' 하고 어느새 마음을 놓게 되죠.

그런데 이날은 중국 마적처럼 불량해 보이는 자들이 한참 전부터 언덕 아래에 몸을 숨기고 있었어요. 그들은 러시아식 브라우니 권총으로 무장하고 초조하게 언덕 위를 지켜보고 있었죠. 한 사내가 땅에 귀를 대고 유심히 듣더니 말발굽 소리가 들린다고 했어요. 그러자 모두들 한껏 자세를 낮췄죠.

얼마나 지났을까. 요란하게 강을 건너는 소리가 들리더니 언덕 위에 사람들이 나타났어요. 허리에는 긴 칼과 권총을 차고, 등에는 소총을 맨 일제 경찰들이었죠. 그들은 룽징의 불빛을 보더니 잠시 길을 멈추고 제각기 담배에 불을 붙였어요. 아마도 피곤했을 거예요. 아침 일찍부터 지금까지 긴장 속에 여기까지 왔으니까요. 그들은 거액의 현금을 수송하는 중이었거든요. 이제 조금만 가면 임무를 완수하게 되겠죠. 방해하는 사람만 없다면 말이에요. 잠시 멍해져 아무 생각도 없이 담배 연기를 뿜는데, 그때 언덕 아래 몸을 숨기고 있던 사내들이 일제히 일어나 총을 쏘기 시작했어요.

독립을 향한 뜨거운 가슴으로 뭉치다

이날 습격으로 일제의 현금 수송대는 엄청난 피해를 입었어요. 일제 경찰 한 명이 현장에서 즉사했고, 동행한 조선인 상인 한 명은 관통상을 입고 다음 날 사망했죠. 수송하던 현금 #15만 엔도 몽땅 털리고 말았고요. 철도 건설에 쓰기 위해 조선은행 회령 지점에서 중국 룽징 출장소로 긴급 운송하던 돈이었어요. 일제 경찰은 급히 수색대를 꾸려 범인들을 쫓았어요. 중국 마적처럼 꾸몄지만, 경찰은 그들이 조선인이라는 사실을 금방 알아챘어요. 이후 경찰은 눈 위에 난 발자국을 따라 철저히 수색했는데 도중에 흔적을 놓치고 말았죠. 그때부터 경찰은 룽징의 한인 마을을 들쑤시고 다니며, 조금이라도 의심스러운 사람을 붙잡아 가두고 폭력적으로 조사하기 시작했어요.

일제의 현금 수송대를 습격한 간 큰 사람들은 누구였을까요? 그들은 '#철혈 광복단'이라는 독립운동 단체에 소속된 여섯 명의 젊은 청년들이었어요. 철혈 광복단은 중국 북간도에서 조직된 광복단과 러시아 연해주에서 조직된 철혈단이 1918년 경 하나로 합쳐진 조직이에요. 활동 목표가 같고, 근거지가 서로 가까워서 활동 공간이 겹치다 보니 자연스레 조직을 합치게 되었죠. 철혈 광복단은 3월 13일 룽징에서 있었던 만세 시위를 주도했고 이후 조직을 크게 확대해나가요. 그리고 평화적인 시위로 독립을 얻는 것이 불가능하다는 사실을 알게 되자, 무장 투쟁으로 독립운동 방법을 바꾸기로 결정했죠.

이때부터 #임국정과 최봉설 등 철혈 광복단의 단원들은 무기를 구하기 위해 최선을 다해요. 집에 있는 송아지를 팔아서 연해주에 무기를 사러 가기도 했죠. 하지만 한두 자루의 총으로는 만족할 수 없었어요. 대량으로 무기를 살 자금을 마련할 방법을 찾아야 했죠. 이들은 처음엔 일본인 상점을 털 생각을 하다가, 일제의 은행을 털 방법을 고민하기에 이르렀어요.

임국정과 최봉설은 조선은행 룽징 출장소에서 일하는 전홍섭을 찾아갔어요. 룽징 만세 시위때 중국 군인들의 폭력적인 진압으로 많은 사람들이 죽고 다쳤는데, 그때 전홍섭이 병원으로 시신들을 옮기는 데 참여하는 모습을 봤거든요. 이에 그가 조선을 생각하는 뜨거운 마음이 있다고 생각한 거죠. 임국정과 최봉설은 조심스럽게 독립군을 양성해 무장 투쟁을 벌일 계

청소년을 위한 해시태그 한국 독립운동사

획을 말하고, 전홍섭에게 무기를 살 자금을 마련하기 위해 은행을 털 방법이 없겠느냐고 물었어요. 과연 예상대로 전홍섭은 조선의 독립을 바라는 뜨거운 가슴을 가진 사람이었어요. 그는 기꺼이 계획에 동참하기로 했죠.

전홍섭은 조선은행 회령 지점에서 룽징 출장소로 수송되는 철도 건설 자금에 대해 알려줬어요. 그리고 직접 자금 수송에 참여할 테니 자신의 다리를 쏘아 부상을 입혀달라고 했죠. 그래야 일제 경찰의 의심에서 벗어날 수 있을 테니까요. 전홍섭은 부상을 다 치료하고 나면, 자신도 독립군에 참여하겠다고 말했어요.

임국정과 최봉설은 함께 일제의 현금 수송대를 습격할 단원들을 모았어요. 전부터 무기를 구하기 위해 같이 노력했던 동지들이 있었기 때문에 함께할 단원을 모으는 것은 어렵지 않았어요. 그렇게 윤준희와 한상호, 박웅세와 김준이 동참하기로 했죠.

15만 엔으로 무엇을 할 것인가

1월 4일 현금 수송대 습격은 생각보다 어렵지 않았어요. 어둠 속의 급습에 크게 놀란 수송대가 싸워볼 생각도 하지 못하고 도망친 덕분이었죠. 윤준희와 최봉설은 현금이 실려 있는 두 마리의 말을 타고 재빨리 현장을 벗어났어요. 나머지 단원들도 빠른 걸음으로 현장을 떠났어요. 박웅세와 김준은 습격에만 함께하고, 그 후의 일에서는 빠지기로 돼 있었기 때문에 각자의 집으로 돌아갔고요.

여기서 한 가지 예정대로 되지 않은 일이 있었어요. 현금 수송대에 합류한다던 전홍섭이 오지 못한 거죠. 수송대에 끼려고 최선의 노력을 다했을 텐데, 아마도 피치 못할 사정이 생기지 않았나 싶어요. 그가 오지 못하면서 그들의 계획에 불안한 점이 하나 생기게 됐어요.

임국정 등 네 명의 단원들은 미리 약속된 산골짜기에서 만나 돈을 확인했어요. 5엔짜리와 10엔짜리 일본 지폐로 모두 15만 엔이 들어 있었죠. 구매력으로 환산하면, 오늘날 화폐 가치로 약 150억 원에 해당하는 거금이었어요. 돈은 세 명이 나눠서 옮겼어요. 나머지 한 명은 말 두 마리를 몰고 가서, 일제 경찰이 추격하기 어렵도록 가짜 흔적을 만든 후 적당한 곳에 말을 두고 오기로 했고요.

다음 날 단원들은 어느 깊은 산속에 있는 철혈 광복단 단원의 집에 다시 모였어요. 그런데 그곳에서 우연히 러시아 연해주에 있는 대한 국민 의회에서 군사 책임자로 일하던 김하석을 만났어요. 임국정 일행은 그를 만나 참으로 다행이라고 여겼던 것 같아요. 자연히 그와 함께 어디로 가야 안전할지 의견을 나누게 됐죠.

최봉설과 한상호는 홍범도 부대가 당시 주둔하고 있던 간도 하마탕으로 가자고 주장했어요. 홍범도 부대에 돈의 일부를 맡기고 나머지로는 블라디보스토크에서 무기를 사자고 했죠. 하지만 김하석은 그 돈을 모두 들고 곧바로 블라디보스토크로 가자고 했어요. 비록 그곳에도 일본군이 주둔하고 있긴 하지만, 한인들이 많이 살고 있으니 충분히 안전하다고 설득했죠.

그런데 연해주 블라디보스토크는 러시아의 땅인데 왜 일본군이 주둔하고 있었을까요? 1917년 러시아 혁명이 일어나자 미국과 영국 등 강대국들은 혁명이 커지는 것을 막겠다며, 1918년 8월 연해주에 군대를 파견했어요. 그중 일본이 가장 적극적이어서, 가장 많은 군대를 가장 오랫동안 연해주에 보냈죠. 그래서 연해주에 일본군이 있었던 거예요.

김하석의 주장에 임국정과 윤준희도 동의했어요. 셋이 블라디보스토크로 가자고 하니, 결국 다른 이들도 자신의 주장을 접고 따르기로 했죠.

1920년 1월 10일 임국정 일행은 블라디보스토크에 도착했어요. 일행은 조선인들이 많이 사는 신한촌으로 숨어들었죠. 이들은 안전을 위해 모두 다른 조선인의 집에 숙소를 정했어요. 그런데 회의할 일이 많다 보니 각기 다른 숙소에 있는 것이 너무 불편했어요. 그래서 얼마 후 한군데로 모이게 됐죠.

다음 날 철혈 광복단 단장 전일이 간부 회의를 소집했어요. 임국정 일행이 가지고 온 15만 엔으로 무엇을 할지 논의하기 위해서였죠. 이날 회의에서 철혈 광복단은 먼저 신한촌에 사무실로 쓸 건물을 구입하기로 했어요. 그리고 조선어로 신문을 내기로 했죠. 또 러시아 연해주의 수청이라는 지역에 무관 학교를 설립하기로 했어요. 무관 학교에서 쓸 책도 따로 출간하기로 했고요. 돈은 모두 미국 달러나 영국 파운드로 바꾸기로 했어요. 일본 돈을 그대로 갖고 있다가 혹시 의심을 살 수도 있으니까요.

무기는 임국정이 책임지고 구입하기로 했어요. 전에도 무기 구입을 해본 경험이 있었기 때문이죠. 그는 중간에서 무기 거래를 도와줄 사람으로 #엄인섭이라는 사람을 데리고 왔어요. 엄인섭은 연해주에서 독립운동가로 유명했어요. 예전에 안중근과 의형제를 맺고 함께 의병 운동을 벌이기도 했죠. 임국정은 자신도 엄인섭과 의형제를 맺은 사이라며, 모두에게 백 퍼센트 믿을 수 있는 사람이라고 자신 있게 소개했어요. 임국정은 엄인섭과 함께 외출해서 사흘 만에 돌아왔는데, 소총 1000자루와 탄환, 속사포, 폭탄 등을 사는 것으로 거래를 끝내고 왔다고 했어요. 그래서 다음 날 모두가 총출동해서 구입한 무기를 받아오기로 했죠.

모든 일이 술술 풀리니 임국정 일행은 그제서야 긴장이 조금

풀렸던 것 같아요. 그들은 자신들을 초대해준 조선인의 집에 가서 술도 마시고 국수도 먹으며 밤늦도록 놀다가 숙소에 돌아와서 깊은 잠에 빠졌어요. 그런데 그날 밤 일이 터졌죠. 일제 헌병대가 그들을 체포하러 온 거예요.

힘들게 구한 무기를 한 번 써보지도 못하고…

임국정 일행이 눈을 떴을 때는 이미 헌병대가 사방에서 총부리를 겨누고 있었어요. 모두가 꼼짝없이 붙잡힐 수밖에 없는 상황이었죠. 임국정과 윤준희, 한상호는 헌병들에게 모두 체포되고 말았어요. 지금까지 쓰고 남은 돈 13만 엔도 전부 빼앗기고 말았고요. 그들은 재판에서 안타깝게도 사형을 선고받았어요. 그리고 1921년 8월 서대문 감옥에서 사형이 집행됐죠. 지금도 서대문 형무소 역사관에 가면 그들의 자랑스럽지만 안타까운 모습을 확인할 수 있어요.

　그런데 불행 중 다행이라고 해야 할까요. 최봉설은 자신에게 달려든 헌병을 냅다 발로 차고 밖으로 달아났어요. 그는 오른팔에 총을 맞았지만 다행히 헌병들을 따돌리는 데 성공했어요. 그는 예전부터 알고 지내던 채계복이라는 여성과 그녀의 가족이 머물고 있던 집에 숨어들었어요. 그녀는 피를 흘리고 있는 그를 보고 놀라 눈물을 흘리며 꽁꽁 숨겨주었죠. 운 좋게도 옆방에는 이혜근이라는 의사도 살고 있어서 다친 팔을 치료할 수 있었어요. 이때의 은혜를 잊지 않으려고 했을까요. 그는 채계복의 '계' 자를 따와 자신의 이름을 최계립으로 바꾸고, 연해주에 숨어 살며 독립운동을 계속했어요.

임국정 일행에게 현금 수송대의 정보를 제공했던 전홍섭은 사건 직후 체포되어 15년 형이 선고됐어요. 현금 수송대에 포함됐다면 의심을 피할 수 있었을 텐데, 그러지 못해 가장 먼저 의심을 받을 수밖에 없었죠. 그는 혹독한 고문으로 어쩔 수 없이 임국정과 최봉설의 이름을 경찰에게 얘기할 수밖에 없었어요. 하지만 자신도 독립운동에 뛰어들겠다고 했던 말은 거짓이 아니었어요. 그는 감옥에서 예전에 앓았던 폐병이 심해지자 이를 빌미로 가석방을 받는 데 성공했어요. 가석방으로 나오자마자 가족들과 함께 연해주로 망명한 전홍섭은 이후 자신의 말대로 연해주에서 독립운동을 하며 살았어요.

도대체 누가 밀정이었나?

일제 헌병대는 어떻게 임국정 일행이 묵었던 숙소를 알게 되었을까요? 일제 당국은 전홍섭을 통해 임국정과 최봉설에 대한 정보를 알아냈지만, 사건 후 이들이 어디로 갔는지는 전혀 알지 못했어요. 그런데 연해주에서 임국정 일행이 대량의 무기를 사려고 한다는 정보를 입수하게 됐어요. 맞아요. 임국정이 무기를 거래하는 과정에서 정보가 샌 거예요. 이 정보를 일제 헌병대에 알려준 사람은 누굴까요?

그 사람은 바로 엄인섭이었어요. 안중근, 임국정과 의형제를 맺었던 연해주의 유명한 독립운동가, 그가 일제의 #밀정이었어요. 그가 밀정이었다는 사실을 역사가들도 처음엔 잘 믿을 수 없었다고 해요. 그는 연해주를 대표하는 독립운동가였으니까요. 그런데 최근 그가 밀정이었다는 사실을 증명하는 자료가 발견됐어요. 일본 영사관에서 작성한 문서로, 거기에 엄인섭이 1908년부터 1922년까지 무려 14년간이나 밀정으로 활동한 사실이 기록되어 있었죠. 엄인섭이 독립운동가들을 일제에 판 이유는 무엇이었을까요? 그는 술과 도박을 좋아했고, 부인도 여러 명이었다고 해요. 자신의 유흥비와 생활비를 위해 일제의 돈을 받고 소중한 동료들을 팔았던 거죠.

하지만 이후의 삶은 그리 좋지 못해요. 엄인섭은 일본군이 연해주에서 철수할 때 함께 조선으로 들어왔지만, 더 이상 밀정 짓을 할 수 없었다고 해요. 러시아에서야 러시아 말을 유창하게 하니 한인들 속에 기생하며 이런저런 정보를 팔아먹었지만, 조선에 들어오니 조선말도 어눌하고 글도 몰라 밀정 짓을 하고 싶어도 불가능했던 거죠. 그는 조선에서 살기가 힘들자 다시 만주로 나왔지만, 임국정 일행을 밀고한 이후엔 한인들에게 의심을 많이 받아 제대로 된 일은 할 수 없었답니다. 결국 엄인섭은 별 볼 일 없이 살다가 병들어 죽었다고 해요. 배신자에게 어울리는 최후가 아니었나 싶습니다.

10

일본군과 맞서 거둔 빛나는 첫 승리
| 봉오동 전투와 청산리 대첩 |

#홍범도 #무장_투쟁 #봉오동_전투 #훈춘_사건 #청산리_대첩
#김좌진 #치고_빠지기_전술

홍범도 1868~1943
대한 독립군 총사령관

"우리들 의로운 독립군 부대들은
일의 성공과 실패를 따지지 않고
오직 죽음이 있을 뿐이다"

만세 운동처럼 평화로운 시위도
있었던 반면 총칼을 들고 일본
에 맞선 독립운동도 많았어요.
무장 투쟁을 외친 사람들이 그
선봉에 섰죠. 하지만 제대로 된
무기를 구하지 못했던 조선의
독립군들이 신식 무기로 무장한
일본군을 이기기는 쉽지 않았어요.
하지만 뛰어난 지략과 협동으로 일본을 무찔러
버린 사건이 있으니, 바로 봉오동 전투와 청산리 대첩이
에요. 그 현장의 기록을 함께 살펴볼까요?

1919년 3·1 운동이 벌어지고 얼마 지나지 않았을 때였어요. 중국 만주 밀산현의 어느 한인 집에서 땀을 뻘뻘 흘리며 마당 한구석을 파고 있는 사람이 있었어요. 무엇을 파는 거였을까요? 그가 땅속에서 파낸 것은 나무로 된 상자 몇 개였어요. 그는 정성스럽게 흙을 털어낸 다음 상자를 열었죠. 상자는 습기나 먼지가 들어가지 않게 몇 겹으로 잘 밀봉돼 있었어요. 한 겹한 겹 조심스럽게 벗겨낼 때마다 얼굴에선 땀이 샘솟듯 흐르는데, 그의 표정은 이 모든 과정이 즐겁게만 보였어요.

밀봉된 것을 모두 벗겨내자 그 속에서 열 몇 자루의 소총과 1000여 발이 넘는 탄약이 나왔어요. 순간 그의 얼굴에 환한 미소가 번졌어요. 이 소총과 탄약은 러시아 연해주의 금광과 항구에서 막노동을 해서 산 것들이었어요. 애착이 많이 갈 수밖에 없지요. 집 마당에 묻어놓았던 총과 탄약을 파내고, 얼굴 가득 미소를 짓고 있는 이 사람은 누구일까요?

'홍 대장'의 시간이 다시 돌아오다

그는 원래 사냥을 해서 먹고사는 포수였어요. 그런데 1895년 일제가 사람을 동원해 고종의 부인인 명성 황후를 시해한 사건이 벌어진 후부터 의병이 되었죠. 그는 동료 사냥꾼들을 모아 의병 부대를 조직하고 일본군과 싸웠어요. 그의 이름은 금세 전국적으로 알려졌어요. 그를 따르는 사람들은 그를 흔히 '홍 대장'이라고 불렀죠. 누군지 알겠나요? 바로 전설적인 의병 지도자 #홍범도였어요.

홍범도는 1908년 11월 조선을 떠나 러시아 연해주로 망명했어요. 일본군의 대대적인 토벌 작전으로, 더 이상 국내에서 의병 활동을 하는 것이 불가능했기 때문이에요. 그는 연해주에서 다시 의병을 모은 다음 국경을 넘어 일제 경찰과 군대를 공격했어요. 하지만 일제의 거센 반격으로 함께 갔던 동료들은 모두 죽고 자신만 겨우 살아 돌아왔죠. 그때부터였어요. 그가 악착같이 막노동을 하며 무기를 살 돈을 모은 것은 말이죠. 홍범도는 그 돈으로 무기를 구매하고 다시 의병을 모아 국내 진공 작전을 펼치려고 했어요. 하지만 그것은 가능하지 않았어요.

홍범도는 중국 만주 밀산현에 들어가 한인들의 농사를 도우며 조용히 때가 되기를 기다렸어요. 시간이 흐르고 드디어 다시 기회가 왔죠. 국내를 강타했던 3·1 운동의 바람이 중국 만주와 러시아 연해주에도 불어왔고, 그 바람을 타고 많은 사람들이 독립운동에 뛰어들었어요. 하지만 3·1 운동을 경험한 사람들은 대부분 평화로운 만세 시위와 강대국에 대한 외교만으로는 독립이 불가능하다는 사실을 깨닫게 되었죠. 독립운동의 다음 방법으로 모두가 주목한 것은 #무장 투쟁이었어요. 그렇게 '홍 대장'의 시간이 다시 돌아왔죠.

동포들의 피땀으로 산 무기

홍범도를 다시 세상에 나오게 한 사람은 대한민국 임시 정부의 국무총리 이동휘였어요. 그는 홍범도를 '대한 국민회'와 연결해줬어요. 대한 국민회는 북간도에서 영향력 있는 독립운동 단체로, 홍범도가 군대를 모으고 무기를 사서 무장할 수 있도록 도와줬죠. 홍범도는 이렇게 만들어진 자신의 부대를 '대한 독립군'이라고 불렀어요.

이때 홍범도의 부대만 만들어진 것은 아니었어요. 조선인들이 사는 대부분의 만주 지역에 수십 개에 달하는 독립군 부대가 만들어졌죠. 서간도의 서로 군정서, 북간도의 북로 군정서, 그 외에도 무수히 많은 독립군이 탄생했어요. 이들을 먹이고 입히며 무장시키고 훈련시킨 돈은 만주의 한인들이 힘들게 일해서 한 푼 두 푼 모아준 돈이었어요.

독립군을 무장시킬 무기는 대개 러시아 연해주 블라디보스토크에서 구입했어요. 특히 제1차 세계 대전에 참전했던 체코군이 내다 판 무기가 큰 도움이 됐어요. 체코군은 전쟁이 종료

되자 고향으로 돌아가기 위해 블라디보스토크로 이동했는데, 거기서 배를 탈 돈이 필요하자 자신들이 가지고 있던 무기를 팔았거든요. 그것을 우리 독립군들이 사들였던 거죠.

구입한 무기를 중국 만주로 옮기는 것도 쉬운 일이 아니었어요. 일본과 중국 당국에 들키지 않고 몰래몰래 옮기려면 밤에만 움직여야 했고, 눈에 잘 띄는 교통수단은 사용할 수 없었으니까요. 그래서 많은 한인들이 농사일도 미루고 힘을 보태야 했습니다. 어두운 밤에 무거운 무기를 일일이 등에 지고, 인적이 드문 산길만 골라서 도보로 옮겨야 했지요. 그래서일까요. 독립군들은 자신의 무기를 자기 목숨보다 소중하게 여겼습니다. 그 총은 우리 동포들이 피땀 흘려 번 돈으로 사준 것이었으니까요.

매일매일 전쟁을 치러야 했던 일제의 경찰과 군대

1920년 1월 대한민국 임시 정부는 '독립 전쟁의 해'를 선포했어요. 그리고 각지에 사람을 보내, 여러 개로 나뉘어 있는 독립군들을 하나의 지휘 체계 아래 두려고 노력했죠. 독립군을 하나로 모은다면 훨씬 더 큰 힘을 발휘할 수 있을 테니까요. 홍범도는 이에 부응이라도 하듯이 성명을 발표했어요. 평화적 만세시위나 외교적 활동만으로 독립을 이루기는 불가능하니, 임시 정부의 선전 포고를 기다려 독립 전쟁을 시작하겠다는 성명이었죠.

그해 4월 홍범도의 대한 독립군은 두만강의 국경 지대로 진출했어요. 거기서 최진동의 군무 도독부군, 안무의 국민회군을 만나 힘을 합쳐 함께 싸우기로 했죠. 대한 국민회와 가까웠던 신민단도 여기에 함께했어요. 신민단은 1919년 블라디보스토크에서 감리교도들이 중심이 되어 만든 독립운동 단체예요. 임시 정부의 노력이 빛을 발하는 순간이었죠.

홍범도 부대는 설립 초기인 1919년 8월부터 국내 진공 작전을 펼쳤어요. 함경남도 혜산진의 일본군 수비대를 공격하고, 갑산군의 주재소(현재의 파출소)도 습격했죠. 물론 국내 진공 작전도 홍범도 부대만 한 것이 아니었어요. 거의 모든 독립군들이 일제히 국경을 넘어 일제의 경찰과 군대, 관공서를 습격하고 나섰죠. 일제 당국이 그 수를 세서 통계를 남겼어요. 1920년도에만 무려 1651회였어요. 365일로 나누면 4.5회가 나와요. 독립군의 국내 진공 작전이 평균적으로 하루에 네다섯 차례나 벌어졌다는 얘기죠. 국경 지대의 일제 경찰과 군대는 매일매일 전쟁을 겪었던 셈이에요.

일본군에 맞서 거둔 첫 승리, 봉오동 전투

#봉오동 전투도 그 과정에서 벌어졌어요. 우리 독립군이 국내 진공 작전을 펼쳤고, 일본군이 추격 부대를 보내면서 벌어진 일이었죠. 6월 4일 국경을 넘은 부대는 홍범도 부대와 연합했던 신민단이었어요. 그들은 함경북도 종성군에 들어가 헌병 소대를 공격하고 만주로 돌아왔죠. 그런데 일본군 한 개 중대와 헌병 중대 병력이 국경을 넘어 신민단을 추격해온 거예요. 중국 정부에 알리지도 않고 국경을 넘었으니, 명백히 불법적으로 중국 영토를 침략한 것이었죠.

일본군은 독립군을 발견하지 못하자 무고한 양민들을 학살했어요. 독립군은 그런 일본군을 기습해서 큰 피해를 입혔고요. 일제 당국은 자신들이 보낸 군대가 크게 패하고 돌아오자 상당히 분했던 모양이에요. 일본군은 제19사단 소속 400명 이상의 대규모 병력을 동원해서 다시 한번 국경을 넘었어요. 두만강을 넘었다고 해서 '월강 추격대'라고 이름을 붙였죠.

대규모의 일본군 추격대가 독립군을 쫓아 봉오동으로 진격해오자, 홍범도는 먼저 마을 주민들을 안전한 곳으로 대피시킨 후 본격적으로 전투를 준비했어요. 홍범도는 부하 이화일에게 약간의 병력을 주어 봉오동 상촌까지 일본군을 유인해오도록 했어요. 나머지 부대들은 봉오동 상촌 계곡의 높은 고지 곳곳에 몸을 숨기고 일본군이 오기를 기다렸죠. 봉오동 상촌은 사방이 산으로 둘러싸인 계곡이었어요. 일본군을 이곳으로 끌고 올 수만 있다면, 독립군이 높은 곳에서 아래를 향해 포위 공격을 할 수 있었죠.

드디어 6월 7일 새벽, 일본군이 봉오동에 도착했어요. 이화일이 일본군을 공격하다가 반격에 밀린 듯 도망치자 그들은 그 뒤를 쫓아 계속해서 봉오동 계곡으로 올라왔어요. 일본군은 봉오동 하촌에서 중촌, 중촌에서 상촌까지 거침없이 추격해왔어요. 그들에겐 조심성이라고는 전혀 보이지 않았어요. 그들은 자신의 월등한 병력과 무력을 믿었고, 언제나 기습한 뒤 금세 도주하는 독립군을 얕봤으니까요.

일본군이 목표했던 봉오동 상촌으로 들어오자, 사방에 숨어 있던 독립군들이 일제히 사격을 시작했어요. 그제서야 일본군은 자신들이 포위됐다는 사실을 알았죠. 그들은 기관총을 쏘며 반격했지만, 높은 곳에서 사방으로 쏟아지는 총알을 피하기란 쉽지 않았어요. 시간이 갈수록 피해가 극심해지자 일본군은 퇴각하기 시작했어요. 때마침 소나기가 쏟아지면서 짙은 안개가 피어올라 앞이 제대로 보이지 않았죠. 일본군은 두 갈래로 나뉘어 후퇴했어요. 그곳은 신민단이 있는 곳이었죠. 그런데 그때 일제 경찰과 헌병으로 구성된 100여 명의 응원 부대가 올라오다가 후퇴하는 일본군과 맞닥뜨렸어요. 그들은 안개 속에서 서로를 알아보지 못하고 전투를 벌였죠. 이로 인해 일본군의 피해는 더 커졌어요. 한 가지 안타까운 점은 일본군의 퇴각로 사이에 끼어 있던 신민단도 큰 피해를 입었다는 사실이에요.

독립군의 피해가 없지는 않았지만, 봉오동 전투는 독립군의 큰 승리로 끝났어요. 봉오동 전투의 소식이 알려지자 한인들도 크게 기뻐했죠. 대규모 일제 군대에 맞서 처음으로 거둔 멋진 승리였으니까요. 사람들은 봉오동 전투를 '독립 전쟁 제1회전'이라고 불렀어요. 독립 전쟁은 이제 시작이었죠. 조선이 독립될 그날까지 2회전, 3회전을 거듭할 생각이었으니까요.

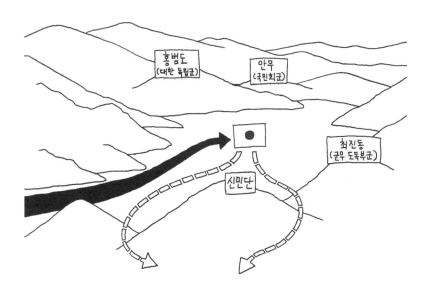

실선은 일본군의 진격로, 점선은 일본군의 퇴각로

뼈아픈 패배를 당한 일본, 반격을 준비하다

일제는 봉오동 전투의 패배를 뼈아파했어요. 조선 주둔 일본군을 총지휘하는 조선군 사령관이 본국으로부터 지적을 받고, 모든 책임은 자신에게 있다고 자책할 정도였죠. 일제 당국은 더 이상 독립군을 무시해선 안 된다고 생각하게 됐어요. 독립군은 아주 훈련이 잘되어 있었고, 무장 수준도 예전과는 크게 달랐으니까요.

이에 일제는 대규모 토벌 작전을 준비했어요. 우선 그들은 '#훈춘 사건'을 조작했죠. 훈춘 사건이란 중국 마적을 매수해 자기네 일본 영사관을 공격하게 한 사건이에요. 물론 피해를 최소화하기 위해 영사관은 미리 비워둔 상태였죠. 일제는 영사관의 보호와 마적의 토벌을 이유로 들어 대규모 병력을 중국 땅에 파견하기로 하고, 이를 중국 정부에 일방적으로 통보했어요. 실제로는 중국 마적이 아니라 우리 독립군을 토벌하러 오는 것이었죠. 토벌에 참가한 부대의 총병력은 2만 명에 달했어요. 조선에 주둔하는 군대부터 러시아 연해주에 주둔하던 군대까지 모두 동원한 대규모 작전이었죠.

중국 정부는 우리 독립군에게 부대의 이동을 요청해왔어요. 일본이 계속 중국에 조선 독립군의 토벌을 요구하자, 독립군을 이동시킨 후 빈 막사라도 태워 토벌한 척하려는 것이었죠. 중국은 우리 독립군을 토벌할 생각이 없었던 거예요. 중국의 요구에 홍범도 부대를 비롯한 독립군들은 근거지를 떠나 이동을 시작합니다. 일부는 중국과 러시아의 국경 지대로 올라갔지만, 대부분은 백두산을 목표로 움직였어요. 백두산 인근 지역은 지형에도 익숙하고 한인들도 많이 살아서, 전투가 벌어져도 비교적 유리한 조건을 점할 수 있었으니까요.

임시 정부는 사람을 파견해서 독립군의 힘을 하나로 모으는 작업을 계속합니다. 독립군의 대표들은 모두 네 번 한자리에 모였어요. 모두가 지휘권을 하나로 통일하는 데에는 동의했지만, 그 지휘권을 누구에게 줄 것이냐에 대해선 쉽게 의견을 모을 수 없었어요. 일본군의 대규모 토벌전이 예상되는 상황에서, 누가 지휘권을 가지느냐는 곧 자신들의 목숨과 직결되는 문제였으니까요. 결국 독립군들은 지휘권을 하나로 합칠 수 없었습니다. 이것이 그들의 한계였죠. 하지만 각자의 판단 아래 최대한 연합해서 싸우기로 한 것은 그나마 다행스러운 일이었어요.

우리 모두의 합작으로 만들어낸 승리, 청산리 대첩

#청산리 대첩은 1920년 10월 21일부터 10월 26일까지 약 엿새간 북간도 청산리 인근 지역에서 벌어졌어요. 모두 10여 차

례의 크고 작은 전투가 있었죠. 어느 하나 중요하지 않은 전투가 없었지만, 그중 가장 규모가 크고 중요한 전투는 어랑촌 전투였어요. 10월 22일 오전부터 해 질 무렵까지 계속된 격렬한 전투였죠.

#김좌진의 북로 군정서는 어랑촌 남서쪽에 있는 874미터 높이의 고지를 차지하고, 유리한 위치에서 일본군과 전투를 벌였어요. 하지만 일본군이 계속해서 추가 병력을 투입하고 풍부한 보급으로 맞서면서, 시간이 갈수록 김좌진의 부대가 밀리기 시작했죠. 그런데 그때 다른 곳에서 전투를 치르고 이동하던 홍범도 부대가 우연히 어랑촌으로 들어왔어요. 홍범도 부대는 일본군의 배후를 기습했어요. 우연히 두 부대의 연합 작전이 시작된 거죠. 이로써 독립군은 좀더 유리한 위치에서 일본군에게 큰 타격을 가할 수 있었어요.

연일 계속된 전투로 인해 독립군은 제대로 자지도 먹지도 못한 채 극심한 추위와 싸워가며 전투를 이어가야 했어요. 하지만 전투는 독립군들만 한 것이 아니었어요. 임시 정부가 발간한 《독립신문》에는 당시 어랑촌 한인 여성들이 행한 용감한 행동이 실려 있어요. 총알이 빗발치는 속에서도 밥을 가지고 산을 올라, 독립군들의 입속에 한 입 두 입 넣어준 것이었죠. 가는 곳마다 이어진 동포들의 지원도 눈물겨웠어요. 홍범도는 후일 이렇게 기록했어요. '어딘지 모를 곳의 조선인 예수촌에서 오라고 해서 가니 소를 잡아 고기를 나눠 먹이고 내복을 한 벌씩 줘서' 추위를 견딜 수 있었다고 말이죠. 청산리 대첩은 그렇게 이름 없는 사람들의 많은 노력이 함께한 전투였습니다. 독립군의 독립 전쟁은 군인들만의 전쟁이 아니라 우리 모두의 전쟁이었던 겁니다.

독립군은 청산리 대첩을 통해 일본군에 상당한 타격을 가했어요. 하지만 일본군의 병력이 워낙 많았기 때문에 전투를 지속하는 것은 무모한 일이었죠. 독립군은 백두산으로 가려던 목표를 바꿔 러시아로 들어갑니다. 병력을 보존해 후일을 도모하기 위해서였어요.

일본군은 그렇게 많은 병력을 동원하고도 독립군의 토벌에 실패했어요. 그러자 그들은 북간도와 서간도에 거주하는 한인들에게 무자비한 보복을 가했어요. 독립군이 이렇게 강해진 데에는 한인들의 헌신적인 도움이 있었기 때문이라고 판단한 거죠. 이로 인해 3600여 명이 넘는 한인들이 살해되고 3200여 채의 집이 불탔습니다. 41개의 학교와 16개의 교회도 부서졌고요.

하지만 우리는 일본과의 싸움을 포기하지 않았어요. 그 싸움은 독립이 될 때까지 계속되었습니다.

11

서로 죽겠다는 사람들이 많아
제비를 뽑았다고? | 김원봉과 의열단 |

#김원봉 #조선_총독부 #폭탄 #의열단 #암살과_파괴
#조선_혁명_선언 #일본_간담이_서늘

김원봉 1898~1958
대한민국 임시 정부 군무부장

"민중은 우리 혁명의 대본영이다.
폭력은 우리 혁명의 유일 무기이다"

조용히 나타나 일본의 식민 통치 기관을 공격하고 사라
지는 사람들이 있었으니, 바로 의열단이에요. 김원봉을
필두로 한 의열단은 적은 비용과 소수의 인력으로 위력적
인 성과를 만들어낼 수 있는 독립운동이 '의열 투쟁'이라
생각했어요. 조국의 독립을 위해 기꺼이 개인의 목숨
을 바친 사람들의 이야기, 함께 살펴볼까요?

1921년 9월 12일 오전 10시 남산 중턱에 있는 #조선 총독부 건물에서 요란한 폭발음이 들렸어요. 누군가 조선 총독부 건물에 침입해 #폭탄을 던진 거예요. 이로 인해 유리창이 산산조각 나고 마룻바닥도 크게 부서졌어요. 희뿌연 연기와 화약 냄새가 자욱한 가운데, 공포와 불안에 빠진 사람들은 비명을 지르며 몸을 피하느라 정신이 없었죠. 도대체 누가 일제의 식민 통치 최고 기관인 조선 총독부에 폭탄을 던진 걸까요?

이날 총독부에 던져진 폭탄은 두 개였어요. 그중 하나는 회계과에 떨어졌고, 나머지 하나는 비서과에 떨어졌죠. 피해는 크지 않았어요. 하나는 불발탄이어서 아예 터지지 않았고, 나머지 하나는 터지긴 했지만 그다지 위력이 크지 않았죠. 하지만 일제 당국은 자존심에 큰 상처를 입었어요. 서울 한복판에서 조선 총독부가 피해를 입다니, 도대체 일제 경찰과 군대는 이런 일이 벌어질 때까지 무엇을 한 것일까, 스스로도 믿기 힘들었던 거죠. 더구나 폭탄이 던져진 위치로 봤을 때 이것은 명백히 조선 총독의 목숨을 위협하는 일이었어요. 바로 인근에 총독의 집무실이 있었으니까요. 하지만 조선 총독은 지방 출장 중이어서 위험을 피할 수 있었죠.

일제 경찰과 군대는 곧바로 비상을 걸고 범인을 추격했어요. 그들은 조금이라도 의심 가는 사람이 있으면 무조건 체포해 엄청난 고문을 가했죠. 일제 당국의 무자비한 폭력에 억울하게 붙잡힌 조선인들은 자신이 하지도 않은 일을 했다고 고백하고 말았어요. 일제 당국은 이렇게 가짜 범인이라도 잡아들여서, 자신들의 실수를 만회하려고 했죠. 그들의 애처로운 몸부림이 당시의 많은 기록으로 지금도 남아 있어요. 일제 경찰과 검찰이 폭력을 통해 범인을 만들어내고, 사건의 시작부터 끝까지 모든 것을 조작해낸 기록이죠. 일제의 식민 통치가 얼마나 많은 거짓과 허위로 이루어졌는지 보여주는 증거입니다.

일제의 대대적인 추격에도 사건의 진범은 붙잡히지 않았어요. 그는 일본인 목수로 가장해 유유히 국경의 경비를 뚫고 중국 베이징으로 돌아갔거든요. 그는 조선의 독립운동 단체 '#의열단'의 단원 김익상이었어요.

의열단의 선택, '암살과 파괴'

일제 식민 통치의 심장, 조선 총독부에 폭탄을 던진 의열단은 어떤 단체일까요? 의열단은 1919년 11월 9일 중국 지린성에서 결성된 독립운동 단체예요. 당시 22세였던 단장 김원봉을 중심으로 하여, 중국에 망명한 13명의 열혈 청년이 조직한 단체였죠. 후일 의열단은 최대 200여 명의 단원을 가진 대규모 조직으로 발전하게 돼요.

의열단은 '#암살과 파괴'라는 방법을 통해 조선의 독립을 실현하고자 했어요. 일본의 주요 인사를 '암살'하고 일본의 주요 통치 기관을 '파괴'하는 방법으로, 일본에 타격을 가해 조선을 독립시키겠다는 생각이었죠. 이들도 다른 사람들처럼 조선의 독립을 위해선 무장 투쟁이 필요하다고 생각했어요. 하지만 군대를 만들고 훈련시키는 일은 너무나 많은 비용과 시간이 들었죠. 이들은 최소한의 비용과 시간으로, 조선의 독립을 실현할 수 있는 방법을 고민했어요. 그것을 가능하게 하는 방법이 '암살과 파괴'라고 생각했죠.

의열단은 신중하게 단원들을 뽑았어요. 가장 중요하게 본 것은 전체를 위해 자기 자신을 희생할 수 있느냐 하는 점이었죠. 의열단원들은 자신의 목숨을 아까워하지 않았어요. 최후의 순간에 자신의 존재를 잊을 만큼 뜨거운 피가 흐르는 사람들이었죠. 의열단원들은 일이 있을 때마다 제비를 뽑았어요. 무기와 비용은 한정되어 있는데, 항상 작전에 참가하겠다고 나서는 사람들이 많아서였어요. 먼저 죽으러 가겠다고 제비를 뽑는 거나 마찬가지였어요.

단장 #김원봉은 냉정하고 두려움을 모르는 사람이었어요. 하지만 반드시 필요한 일을 해낼 때는 굉장한 열정을 발휘하곤 했죠. 특히 사람들을 설득해 의열단원으로 가입시킬 때는 며칠이 걸리더라도 반드시 동지로 만들어내곤 했어요. 그는 남으로 하여금 맡은 일을 반드시 해내도록 힘을 내게 만드는 사람이었죠.

의열단은 김익상의 조선 총독부 폭탄 사건을 비롯한 여러 암살과 파괴 작전으로 일제 당국을 긴장시켰어요. 하지만 냉정히 평가해보면 단원들의 희생은 많았는데, 그에 비해 결과는 그다지 만족스럽지 못했죠. 거사 직전에 들통이 나거나 던진 폭탄이 터지지 않아서, 계획했던 결과를 얻지 못한 경우가 많았거든요. 의열단은 과거의 실패에서 교훈을 얻어 새로운 단계로 나아가고자 했어요. 그렇게 과거에 대한 반성에서 새로운 암살과 파괴 계획이 시작됐어요.

김원봉, 최고의 폭탄 제조 기술자를 만나다

새로운 암살과 파괴 계획은 1922년 가을부터 준비됐어요. 김원봉은 대규모의 폭탄을 조선에 옮겨 동시다발적으로 일본의 주요 인사와 주요 시설을 공격하고자 했죠. 1920년 6월에 한번 시도했다가 폭탄을 옮기는 단계에서 실패했던 대암살 파괴 계획을 다시 한번 시도하는 것이었어요.

대암살 파괴 계획을 실행하기 위해서는 기본적으로 두 가지가 필요했어요. 풍부한 자금과 성능 좋은 폭탄이 그것이었죠.

자금은 운 좋게도 러시아가 한인 사회주의자들에게 지원한 자금 가운데 일부를 받으면서 해결됐어요. 이 자금은 우리 독립운동가들 사이에서 안 쓴 사람이 없다고 할 정도로 많은 단체와 사람들에게 지원됐는데, 의열단은 단일 단체 가운데 가장 많은 4만 6700원을 지원받았어요. 구매력으로 환산하면, 현재 화폐 가치로 23억 원에 해당하는 큰돈이었죠.

다음으로 필요한 것은 성능 좋은 폭탄이었어요. 기존의 폭탄은 위력이 너무 약했어요. 더구나 불발탄도 많았죠. 김원봉은 성능 좋은 폭탄을 얻기 위해 수시로 폭탄 제조 기술자들을 찾아다녔어요. 하지만 실력 있는 기술자를 만나기는 좀처럼 쉽지 않았죠. 그런데 몽골 울란바토르에서 병원을 운영하면서, 열심히 독립운동에 참여했던 의사 이태준이 어느 날 마자알이라는 헝가리인에 대해 말해주었어요. 1차 세계 대전 때 포로가 되었다가 고국으로 돌아갈 여비가 없어 울란바토르에 머무르고 있는 사람인데, 최고의 폭탄 제조 기술을 가지고 있다고 했죠. 이태준은 다음번에 기회를 봐서 꼭 마자알을 베이징에 데리고 나오겠다고 약속하고, 울란바토르로 돌아갔어요.

하지만 김원봉은 이태준을 다시 볼 수 없었어요. 안타깝게도 그는 러시아의 반혁명파 군대에 붙잡혀 억울하게 처형당하고 말았거든요. 김원봉과 마자알의 이어지지 않은 인연은 그렇게 끝나는 듯했어요. 그런데 어느 날 베이징에 한 외국인이 나타났어요. 그는 조선 사람만 보면 김원봉을 아냐고 묻고 다녔죠. 그 소식을 듣고 김원봉이 직접 그 외국인을 만나러 갔어요. 아니나 다를까, 그는 이태준이 말했던 폭탄 제조 기술자 마자알이었어요. 이태준이 끝까지 김원봉과의 약속을 지킨 거예요. 그를 함께 데리고 나와주진 못했지만, 죽기 전 마자알에게 김원봉을 찾아가보라고 얘기해주었던 거죠.

마자알의 도움으로 의열단은 드디어 최고의 폭탄을 얻게 되었어요. 마자알이 만든 폭탄은 모두 세 가지였어요. 파괴용·방화용·암살용 폭탄이었죠. 파괴용 폭탄은 철교나 건물을 폭파할 수 있었고, 방화용 폭탄은 주변을 불바다로 만들 수 있었으며, 암살용 폭탄은 사람을 독성 물질에 중독시켜 암살할 수 있었어요. 이렇게 대암살 파괴 계획에 필요한 자금과 무기가 모두 마련되었어요.

여기에 김원봉은 한 가지를 더 준비했어요. 독립운동가 신채호에게 부탁해, 의열단이 '암살과 파괴'를 통해 무엇을 하려고 하는지를 구체적으로 밝히는 글을 지었죠. 그것이 바로 〈#조선 혁명 선언〉이었어요. 의열단은 〈조선 혁명 선언〉에서 이렇게 말해요.

"민중은 우리 혁명의 대본영(大本營)이다. 폭력은 우리 혁명의 유일 무기이다. 우리는 민중 속에 가서 민중과 손을 맞잡아 끊임없는 폭력 – 암살, 파괴, 폭동으로써, 강도 일본의 통치를 타도하고, 우리 생활에 불합리한 일체 제도를 개조하여, 인류로써 인류를 압박하지 못하며, 사회로써 사회를 착취하지 못하는 이상적 조선을 건설할지니라."

이것은 의열단이 '암살과 파괴'라는 수단으로 민중을 각성시켜 민중들로 하여금 직접 혁명을 일으키도록 하겠다는 다짐이자, 그 혁명을 통해 일제를 조선에서 쫓아내고 '사람이 사람을 억압하지 않는 세상' '사회가 사회를 억누르지 않는 이상적인 세상'을 만들겠다는 결의였죠. 김원봉은 〈조선 혁명 선언〉을 인쇄해 조선의 곳곳에 뿌릴 생각이었어요. 이 글을 보고 더 많은 사람이 자신들과 함께하길 바랐죠.

상하이에서 서울까지, 무사히 폭탄을 옮겨라!

이제 필요한 것은 폭탄을 들키지 않고 안전하게 조선으로 옮기는 것이었어요. 그리고 잘 보관하고 있다가 실행 요원들에게 나눠줘야 했죠. 그러면 실행 요원들이 조선 곳곳에서 동시다발적으로 암살과 파괴 계획을 실행할 예정이었어요. 폭탄의 운송과 보관을 책임지고 맡아서 할 인물로 김원봉은 두 사람을 섭외했어요. 김한과 김시현이었죠. 두 명 모두 명석한 두뇌와 강한 근성을 지닌 사회주의자들이었죠.

그런데 문제가 생겼어요. 1923년 1월 12일 누군가 종로 경찰서에 폭탄을 던졌는데, 이 사건을 수사하는 과정에서 실행 요원으로 들어와 있던 의열단원 김상옥의 은신처가 들통이 난 거예요. 종로 경찰서 폭파 사건은 흔히 김상옥이 한 것으로 알려져 있는데, 그는 의열단의 거사에 참여해 조선 총독의 암살을 준비하고 있었기 때문에 그가 했을 가능성은 극히 낮아요. 여하튼 김상옥은 경찰들이 자신이 숨어 있던 곳으로 들이닥치자 권총을 쏴서 경찰을 쓰러뜨리고 도주했어요. 그는 일단 경찰의 포위망을 벗어나는 데 성공했지만, 며칠 후 다시 경찰에 발각되고 말았죠. 그는 끝까지 싸웠지만 무수히 쏟아지는 총탄을 피하지는 못했어요. 하지만 그는 목숨이 끊어지는 순간까지 권총을 놓지 않았어요. 그야말로 장렬한 죽음이었어요.

경찰들은 수사를 계속했어요. 김상옥과 관련된 사람들을 모두 조사해 뿌리를 뽑을 생각이었죠. 안타깝게도 이 과정에서 의열단의 폭탄 운송과 보관을 책임지기로 했던 김한이 체포되고 말았어요. 이로 인해 의열단의 대암살 파괴 계획에는 큰 차질이 생겼죠. 하지만 김원봉은 포기하지 않았어요. 그는 김시현에게 폭탄 운송과 보관에 관한 책임을 모두 맡겼어요.

김시현은 폭탄을 국내로 운송하는 데 예전부터 알고 지내던 한 사람을 끌어들이고자 했어요. 경기도 경찰부의 경찰 황옥이라는 사람이었어요. 김시현이 황옥을 계획에 참여시키려고 하자 의열단원들 대부분이 반대했어요. 황옥은 조선 총독부의 경찰이었으니까요. 하지만 그를 믿을 수만 있다면 폭탄을 국내로 옮기는 일은 훨씬 쉬워질 수 있었죠. 김원봉은 황옥을 직접 만났어. 술을 마시며 오랫동안 애기를 나눴죠. 그리고 신중하게 생각한 끝에 그를 계획에 동참시키기로 했어요. 그를 한번 믿어보기로 한 거죠.

의열단은 우선 중국 상하이에서 국경 도시인 안둥까지 폭탄을 옮겼어요. 대부분의 폭탄은 언제나 한인들을 열성적으로 도와주었던 조지 쇼의 무역 회사 이륭 양행의 배를 통해 옮겼고요. 나머지는 김원봉과 마자알, 여성 의열단원 현계옥 등이 가족처럼 꾸미고 직접 기차로 옮겼죠.

다음 단계는 중국 안둥에서 국경을 넘어 조선 신의주까지 옮기는 것이었어요. 가장 위험한 단계였죠. 1923년 3월 8일 밤 김시현은 경찰 황옥을 앞세우고, 중국 안둥에서 압록강 철교를 건넜어요. 인력거 뒤에 폭탄을 숨겼는데 황옥 덕분에 별다른 수색 없이 국경을 통과할 수 있었죠. 이것이 바로 위험을 무릅쓰고 황옥을 계획에 넣은 이유였어요.

신의주에서 서울까지의 운송은 일부는 김시현이 직접 운반하고, 나머지는 기차 화물로 부쳤어요. 이것으로 의열단의 폭탄은 무사히 서울에 도착했어요. 이제는 잘 보관하고 있다가 실행 요원들에게 넘겨 대암살 파괴 계획을 실행하면 됐죠. 그러나 불행히도 계획은 예상대로 진행되지 않았어요. 3월 15일

황옥을 비롯한 관련자 18명이 일제 경찰에 모두 체포되고, 3월 말에는 김시현까지 붙잡히고 말았거든요. 대체 어디서부터 잘못되었던 걸까요?

그는 밀정인가, 독립운동가인가

황옥은 일제의 경찰이었지만 일반적인 경찰이 아니라, 사실은 밀정에 더 가까운 사람이었어요. 그는 독립운동가들 속에 잠입해 정보를 빼내고, 그것을 일제 당국에 보고하는 일을 하면서 월급을 받고 살았죠. 그러다 보니 그는 점점 '이중 스파이'처럼 변해갔어요. 이중 스파이란 이쪽을 위해서도 스파이 짓을 하고, 저쪽을 위해서도 스파이 짓을 하는 사람을 말해요. 일제 경찰의 신분으로 독립운동가들 속에 잠입하려면 믿음을 얻어야 했기에, 일본 측의 비밀스런 정보도 독립운동가들에게 제공해 주었던 거죠. 뿐만 아니라 황옥은 독립운동가의 신임을 얻고자 '독립운동'에 해당하는 일도 기꺼이 했어요. 사회주의 단체에 들어가 간부로 활동한 것이나 의열단의 폭탄 운송에 참여한 것도 모두 '독립운동'에 해당했죠.

　김원봉은 황옥의 이중 스파이적인 상황을 최대한 이용하고자 했던 것 같아요. 그가 일제 당국에 적당한 정보를 흘리면서, 의열단원들이 활동할 수 있는 시간과 공간을 벌어주길 바랐던 거죠. 이와 함께 국경을 뚫고 국내로 폭탄을 옮겨주는 것도 원했고요. 하지만 안타깝게도 이후의 상황은 김원봉의 생각대로 흘러가지 않았어요. 황옥이 김시현과 함께 서울에 들어오자, 일본 경찰 당국은 그에게 곧바로 자세한 보고와 함께 의열단원과 사회주의자들의 즉각적인 체포를 요구해왔거든요. 황옥은 보고를 지연시키면서 시간을 벌어보려고 하다가, 뜻대로 되지 않자 김시현에게 폭탄의 일부를 경찰에게 넘겨주는 것이 어떠냐고 물었어요. 김시현은 그 말을 듣고 일이 잘못됐음을 깨닫게 되었죠.

일제 당국은 황옥이 계속해서 제대로 보고하지 않자, 황옥과 그때까지 알아낸 관련자들을 전원 체포했어요. 황옥과 김시현이 옮겨온 폭탄의 위치도 미리 파악하고 있다가 모두 압수했죠. 이로써 의열단이 준비한 대암살 파괴 계획은 실패로 끝났어요. 이중 스파이 황옥을 이용해 폭탄의 운송 통로를 열고, 그를 통해 의열단원들이 활동할 시간과 공간을 확보한다는 아이디어는 분명 기발했죠. 하지만 끝까지 일제 당국을 속이지 못하면서 결국 실패하고 말았어요.

황옥은 자신이 체포되기 직전에 김시현에게 사람을 보내 몸을 피하라고 알려줬어요. 끝까지 의리를 지킨 셈이었죠. 이것이 다른 사람보다 김시현이 조금 늦게 체포된 이유였어요. 하지만 이로 인해 황옥은 김시현과 함께 이 사건의 주범으로 다루어졌어요. 재판정에서 황옥은 독립운동을 한 것이 아니라, 일제의 경찰로서 일본 제국을 위해 의열단원과 사회주의자들을 유인해 모두 체포하려고 했을 뿐이라고 주장했어요. 하지만 그의 주장은 끝내 받아들여지지 않았어요.

의열단의 대암살 파괴 계획은 실패로 끝났지만, 의열단의 투쟁은 이것이 끝이 아니었어요. 의열단의 '암살과 파괴'는 그 후로도 계속됐어요. 하지만 어느 순간 김원봉은 깨달았어요. 아무리 '암살과 파괴'를 거듭해도 혁명은 일어나지 않는다는 사실을요. 혁명은 일제가 가진 모든 권력을 무너뜨리는 것인데, 몇몇 인사를 암살하고 몇몇 건물을 파괴한다고 해서 일제의 권력을 전멸시킬 수는 없었으니까요. 혁명을 하려면 전 민중을 조직하고 단결시켜야 했어요. 전 민중이 들고일어나 무장 투쟁을 벌여야, 비로소 일제의 권력을 무너뜨릴 수 있는 것이었죠. 김원봉은 결단을 내렸어요. 자신부터 다시 군사 교육을 받기로 했죠. 그리고 군대를 만들고 청년들을 훈련시켜 독립 전쟁을 벌이겠다고 결심했어요. 이제 의열단은 '암살과 파괴'를 수행하는 단체가 아니라, 항일 무장 투쟁을 준비하는 군사 조직이자 혁명을 도모하는 정치 조직이 되어야 했어요. 이것이 의열단의 새로운 미래였죠.

팁

이 한 장의 사진을 보라

1925년 3월 인성 학교 졸업식 (국사 편찬 위원회 소장)

여기 한 장의 사진이 있어요. 오래된 사진이어서 흐릿하지만, 사진 속 아이들을 보고 있으면 너무 귀여워서 어느새 미소를 짓게 되죠. 한번 유심히 살펴보세요. 어색한 '차렷' 자세로 서 있다가, 결국 몇몇 아이들은 다른 곳을 보고 말았네요. 이 사진은 1925년 3월 상하이 인성 학교의 졸업식 사진이에요.

인성 학교는 1916년 9월 처음 문을 열었어요. 상하이에 살던 한인들이 자녀를 교육하기 위해 조금씩 돈을 모아 설립한 학교였죠. 특히 해송 양행이라는 무역 회사를 운영했던 한진교가 내놓은 돈이 큰 도움이 됐다고 해요. 해송 양행은 개성 상인들에게 고려 인삼을 사 와서 중국과 싱가포르 등지에 팔았던 무역 회사인데, 이윤의 대부분을 독립운동 자금으로 사용한 것으로 알려져 있어요. 3·1 운동 당시 기독교인들을 독립운동에 참여하게 만드는 데 큰 역할을 한 선우혁도 해송 양행의 직원이었어요. 인삼을 사러 온 것처럼 꾸미고 국내에 들어와, 기독교인들에게 독립운동 참여를 권유하고 다녔던 거죠. 그도 인성 학교와 밀접한 연관이 있어요. 여러 차례 교장으로 일하면서 아이들의 교육에 힘을 쏟으며 마지막까지 함께했거든요.

다시 사진으로 돌아가봅시다. 사진에서 맨 뒷줄 오른쪽에 있는 사람이 보이나요? 독립운동가 여운형이에요. 그는 이 무렵 상하이 한인들의 교민 단체에서 대표자로 일하면서, 인성 학교 교장을 겸임했어요. 1919년 4월 임시 정부가 수립된 후 인성 학교를 공립 학교로 바꾸고, 교민 단체에서 운영하도록 했거든요. 자연히 임시 정부와 임시 의정원에서 활동하던 독립운동가들의 자녀들도 모두 이 학교에서 공부하게 됐겠죠? 사진에서 가장 오른쪽에 있는 사람은 인성 학교에서 교사로 일하던 최중호로 추정돼요. 사진이 흐려서 확정하긴 어렵지만요. 그는 상하이에서 독립운동을 하는 동시에 인성 학교에서 오랫동안 아이들을 가르쳤어요. 안타깝게도 그는 1934년 폐병이 심해져 44세의 젊은 나이로 세상을 떠났어요.

인성 학교는 특히 국어와 한국의 역사·지리 교육을 중시했다고 해요. 해외에서 살게 된 아이들이 조국의 언어와 역사를 잊지 않도록 하고 싶었던 거죠. 인성 학교는 처음 문을 열 때만 해도 초등학교 과정만 운영했지만, 점차 시간이 지나면서 중학교 과정도 교육하게 됐어요. 고등학교·대학교 과정도 운영하고 싶었을 테지만, 여러 현실적인 조건이 거기까진 허용하지 않았나 봐요. 대신 학생들이 다른 고등 교육 기관에 들어갈 수 있도록 함께 준비해주고 도와주는 역할도 했다고 합니다.

하지만 인성 학교의 운영은 아주 힘들었어요. 당시는 상하이의 독립운동가들도 대부분 하루에 한 끼나 두 끼밖에 못 먹던 궁핍한 시절이었거든요. 폐교의 위기는 수시로 찾아왔죠.

여기 또 한 장의 사진이 있어요. 1926년 인성 학교의 직원들이 얼굴도 주소도 제대로 모르는 멕시코의 동포들에게 학교를 도와달라고 보낸 편지죠. 운영 자금을 마련할 방

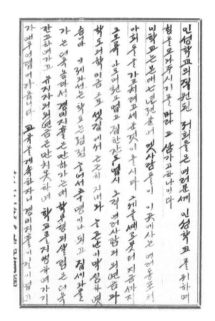

인성 학교 관계자가 멕시코의 한인 동포에게 보낸 편지.
김익주는 1999년 건국훈장 애족장을 받았다. (김익주
손자 아벨 김공 소장)

법이 없던 여운형이나 최중호 같은 학교 관계자들이 무작
정 미국과 멕시코, 쿠바에 있는 한인들에게 발송한 편지 중
하나인 듯해요. 다행히 사진 속의 편지는 멕시코에 노동자
로 이민 왔다가 음식점을 열어 성공한 김익주가 받았어요.
그는 독립운동가들이 이런 편지를 보내올 때마다 자신의
재산을 팔아서 도와줬다고 해요. 그런 돈이 1920년에 벌써
1500달러가 될 정도였대요. 이후에도 김익주의 기부는 계

청소년을 위한 해시태그 한국 독립운동사

속됐는데, 나중엔 성공의 기반이 됐던 자기 식당까지 팔았다고 합니다. 그럼 인성 학교의 편지가 도착했을 때 김익주가 어떻게 했을지 충분히 예상이 가죠?

인성 학교의 아이들은 그렇게 상하이 한인들의 따뜻한 보살핌과 세계 각지에 있는 한인들의 도움까지 받으며 무럭무럭 자랐어요. 그들은 그렇게 잘 커서 아버지, 어머니가 그러했듯이 민족의 독립을 위해 싸우는 또 한 명의 독립운동가가 되었습니다.

독립운동사 속
사회주의와 민족주의

사회주의란 18세기 산업 혁명 이후 자본주의가 발전함에 따라 생긴 경제적 불평등에 반발하여 나타난 사상이에요. 자본주의 사회에서는 흔히 소수의 자본가들이 사회의 부를 독점해요. 그리고 그들은 노동자들에게 노동의 대가를 제대로 주지 않고 착취하죠. 이로 인해 자본가와 노동자의 빈부 격차는 날이 갈수록 커지고, 두 계급의 갈등은 심각한 사회 문제가 되죠.

사회주의는 자본주의의 이러한 문제를 해결하기 위해 국가가 생산을 담당하는 공장들을 국유화하는 등, 사회의 부를 모든 사람들에게 공평하게 나눠주려고 하는 사상이에요. 모든 사람이 능력에 따라 일하고 필요에 따라 나누어 갖는 사회, 모두가 공동으로 생산하고 공동으로 분배해서 계급의 차이에서 해방되어 완전히 평등하게 사는 사회를 꿈꿨죠. 이것을 '계급 해방'이라고 불러요.

사회주의는 흔히 '공산주의'라는 말과 같은 뜻으로 쓰여요. 엄밀하게 말하면 '공동 생산, 공동 분배'가 완성된 상태를 공산주의로, 공산주의로 나아가는 중간 단계를 사회주의로 구분하기는 하죠. 하지만 사회주의자(공산주의자)들은 사회주의와 공산주의가 본질적으로 같다고 생각했기 때문에, 대개 두 용어를 함께 섞어서 사용해요.

우리나라에는 언제 사회주의가 들어왔을까요? 그것은 1917년 러시아 혁명으로 러시아에 처음 사회주의 정부가 들어선 이후였어요. 러시아, 중국, 일본에 있던 한인들이 먼저 사회주의를 접한 후 국내에 전파하면서 서서히 퍼지기 시작했죠. 1920년대에는 사회주의가 조선 사회를 개혁할 새로운 사상으로 받아들여지면서 크게 유행하게 돼요. 사람들 사이에서 사회주의를 얘기하지 않으면 유행에 뒤처진다고 할 정도였죠.

특히 우리나라에서는 독립운동을 하던 사람들이 독립운동의 한 가지 방법으로 사회주의를 받아들여요. 그래서 조선의 사회주의자들은 사회주의의 원래 목표인 계급 해방 외에 민족 해방(독립)이라는 목표도 함께 추구하게 되었죠. 그들은 약소국의 민족 해방 운동에 공개적으로 지지를 표명했던 러시아(1922년 소련으로 이름을 바꿈)에도 많은 기대를 품었어요. 3·1 운동 당시 미국 등 강대국에 기대를 걸었다가 실망한 후여서 특히 러시아에 대한 기대가 컸죠.

그럼 민족주의란 무엇일까요? 민족주의는 민족을 단위로 하여 하나의 국가를 형성하려고 하는 사상을 말해요. 따라서 일제의 식민 통치 시기에 민족 운동을 하거나 독립운동에 나섰던 사람들은 모두 기본적으로 민족주의자라고 할 수 있죠.

그런데 1920년대 들어 사회주의 사상이 유행하면서, 민족주의자들 가운데 일부가 사회주의를 받아들이고 사회주의자가 돼요. 그들은 이후 민족 해방 운동(독립운동)과 계급 해방 운동을 벌여나가게 되죠. 이들은 해방 후 조선 민주주의 인민 공화국(북한)을 수립하는 중심 세력이 됐어요. 한편 사회주의를 받아들이지 않고 끝까지 민족의 독립을 위해 싸운 민족주의자들도 있었어요. 이들은 사회주의자들과 경쟁하며 독립운동을 하거나 민족 운동을 했죠. 이들은 해방 후 대부분 대한민국 수립에 참여했어요.

4부

거대한 들불 1920~1930
농민과 노동자,
그리고 학생까지 들고일어나다

3·1 운동 이후 우리 민족은 마음을 하나로 합치면 큰 힘이 된다는 사실을 알았습니다. 그래서 그다음부터는 비슷한 사람들끼리 단체를 만들었죠. 처음에는 전국 각지에 청년회가 들어섰고, 그다음에는 농민들의 조직과 노동자들의 조직이 만들어졌어요. 그리고 여성·소년·종교인들을 위한 단체도 만들어졌죠. 이런 단체들을 중심으로 1920년대부터는 활발한 사회 운동이 시작됐어요. 바야흐로 대중 운동의 시대가 열린 것이죠.

• • •

싸움을 시작한 이유는 살기 위해서였어요. 농사지은 걸 그리 많이 거둬가면, 도저히 살 수가 없었으니까요. 싸움을 벌이기 전까지만 해도 우리 편은 아무도

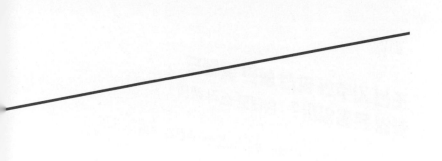

없는 줄 알았습니다. 하지만 우리끼리라도 똘똘 뭉치면 뭐라도 이룰 수 있으리라 생각한 거죠. 하지만 이제는 압니다. 우리에겐 누구보다 같은 편이 많다는 것을요.

* * *

그런데 왜 우리에게만 뭐라고 하는 걸까요? 잘못은 그들이 저지르지 않았습니까? 왜 일본인들의 차별은 날이 갈수록 더해가는 걸까요? 이제 식민지 노예교육은 제발 그만 받고 싶어요. 우리와 함께해주세요. 만세를 부르고 '타도 일본 제국주의'를 함께 외쳐요.

12

조선 지주와 맞선 농민 운동도
항일 운동일까? │암태도 소작 쟁의│

#암태도_소작인회 #문재철 #조선_노농_총동맹 #알고_보면
#일본과_농민의_싸움 #내_쌀_내놔

소작인들

"이 뼈가 닳게 일하여도 살 수 없거늘
놀고먹는 지주들은 누구의 덕인가"

일제 강점기에는 평균적인 소작료보다 더 높은
소작료를 받는 친일 지주들이 많았어요. 그들은
농민의 눈치를 전혀 보지 않았죠. 왜냐하면 일본이
지주의 뒤를 지켜주고 있었기 때문이에
요. 이런 상황에 굴복하지 않고 지주와
일본에 맞선 농민들이 있어요. 그들의
이야기를 들어볼까요?

1923년 12월 4일 전라남도 무안군(현재의 신안군) 암태도에 있는 암태 보통학교에 500여 명의 농민들이 모였어요. 대부분 자기 소유의 토지 없이 남의 토지를 빌려 농사를 짓는 가난한 소작인들이었죠. 이들은 매년 지주들의 무리한 소작료 요구에 신음하다가, 더 이상 가만히 있으면 안 되겠다는 생각으로 한 자리에 모였어요. 그리고 조직을 만들었죠. 지주들에 대항해 싸우기 위한 '#암태도 소작인회'가 바로 그것이었어요.

3·1 운동 이후 조선인들은 한데 뭉쳐 행동을 같이하면, 그 힘이 훨씬 커진다는 것을 알게 됐어요. 그래서 사람들은 점점 뭉치기 시작했죠. 처음엔 청년들이 뭉치더니 얼마 후엔 노동자·농민들도 뭉치기 시작했어요. 1921년 전국에 세 개밖에 없던 농민 단체는 불과 2년 만에 107개로 증가했어요. 암태도 소작인회도 그중 하나였죠.

악덕 지주 문재철

암태도 소작인회는 소작료 인하 운동을 벌이기로 했어요. 지주에게 소작료 인하를 요구하고, 지주가 이를 받아들이지 않으면 단체로 농사를 중단하기로 했죠. 이처럼 농민들이 지주에게 소작 조건의 개선을 요구하며 시위를 벌이는 것을 '소작 쟁의'라고 불러요. 이른바 '암태도 소작 쟁의'의 시작이었죠.

이 무렵 조선의 소작료는 평균적으로 생산량의 50퍼센트였어요. 그런데 암태도의 지주들은 보통 그 이상을 받아갔어요. 특히 암태도에서 가장 많은 토지를 가지고 있고, 전라·충청·경기·강원도에 이르기까지 많은 땅을 소유하고 있던 대지주 #문재철은 대개 생산량의 60퍼센트를 소작료로 요구했어요. 여기에 운송비까지 꼬박꼬박 받아갔고요. 어떤 때는 소작료가 70~80퍼센트에 이르기도 했다고 해요. 암태도의 농민들이 단체를 조직하고 힘을 모은 이유가 바로 여기에 있었죠. 소작료가 너무 높아 살기가 힘들었기 때문이에요.

암태도 소작인회의 등장은 암태도의 지주들에게 큰 영향을 미쳤어요. 대부분의 지주들이 원하지는 않았지만 어쩔 수 없이 소작인회의 요구에 따르기로 한 거예요. 하지만 암태도에서 가장 많은 땅을 가지고 있던 지주 문재철은 소작인들의 요구를 거부했어요. 그들의 요구 정도는 간단히 무시해도 된다고 여길 만큼 큰 권력을 가지고 있었거든요. 문재철은 단순한 대지주가 아니었어요. 여러 개의 회사를 운영하는 사업가이자, 한 지방은행의 이사였고, 전라남도 도평의회 의원(현재의 도의원과 유사)이기도 했죠. 전라남도의 유력한 인사로, 일제의 지방 관료들

정도는 충분히 자기 마음대로 움직일 수 있는 힘을 가진 사람이었던 거예요.

암태도 소작인회는 1924년 3월 27일 암태 청년회, 암태 부녀회와 함께 면민 대회를 열었어요. 꿈쩍도 하지 않는 문재철에게 압박을 가하기 위해서였죠. 이날 대회에는 면민이 400명이나 모였어요. 그만큼 면민 대부분이 이 문제에 큰 관심이 있었다는 사실을 의미하죠. 이들은 다시 한번 문재철에게 소작료 인하를 요구하기로 했어요. 그리고 그가 이에 응하지 않으면, 예전에 면민들이 세워준 문재철의 아버지 문태현의 송덕비를 파괴하기로 결의했고요.

송덕비는 마을에 공로가 있는 사람의 공덕을 칭송하기 위해 마을 사람들이 세워주는 비석을 말해요. 그런데 송덕비 건립이 오랜 전통으로 계속되다 보니, 반드시 공덕이 있는 사람에게만 세워주는 것이 아니게 됐어요. 백성들을 위협해서 억지로 세우게 하거나 자기 돈으로 세우는 사람도 있었죠. 힘없는 백성들이 마을의 권력자와 좋은 관계를 유지하기 위해 어쩔 수 없이 세워주는 경우도 많았어요. 이유야 어찌 됐든 송덕비가 건립됐다는 것은 자랑할 만한 일이 분명한데, 소작인들이 아버지의 송덕비를 부수기로 했으니 문재철 입장에선 굉장히 기분이 나빴겠죠? 결국 이로 인해 폭력 사태가 벌어지고 맙니다.

일제가 노골적으로 지주를 편든 이유

문재철은 소작인들이 송덕비를 파괴하러 올까 봐, 문 씨네 일가 친척들을 동원해 비석 앞을 지켰어요. 그런데 암태도 소작인회의 지도자 서태석 등 세 명이 우연히 그 부근을 지나가다 이들과 부딪혔죠. 문재철 측은 서태석 일행이 송덕비를 파괴하러 온 것이라고 오해했어요. 그들은 서태석 일행에게 달려들어 집단 구타를 시작했어요. 이들의 폭력은 소식을 듣고 달려온 마을 사람들이 말린 후에야 겨우 멈췄죠. 서태석 일행은 배를 타고 목포에 있는 병원에 실려 갈 정도로 크게 다쳤어요.

암태도 소작인회는 그들의 처참한 모습에 흥분할 수밖에 없었어요. 부상을 당한 이들은 문재철 측을 즉각 고소했어요. 그러자 문재철 측도 맞고소를 했어요. 자신들도 전치 4~5주의 부상을 당했다고 주장하면서요. 나중에 재판 과정에서 진실이 드러납니다. 목포에 있는 한 병원의 의사가 이들에게 전치 4~5주의 허위 진단서와 함께, 치료약으로 감기약을 처방했다는 어처구니없는 사실이었죠.

문재철 측의 폭력 행사로 양측의 갈등은 높아만 갔어요. 암태도 소작인회는 문재철에게 소작료를 인하해줄 것을 강력히 요구했지만, 문재철은 끝까지 거부했죠. 결국 소작인들은 문재철 아버지의 송덕비를 부수고 맙니다. 그러자 1924년 4월 경찰은 서태석을 비롯한 암태도 소작인회 주요 간부들을 모두 체포해 목포 형무소에 수감했어요. 경찰은 암태도 소작인회의 힘을 약화시키기 위해 주요 간부들을 구속한 것이었어요. 그들은 노골적으로 대지주 문재철의 편을 들었던 거예요. 전라남도의 관료들은 지주들을 모아 회의까지 엽니다. 소작인들의 소작료 인하 요구에 맞서, 소작료를 그대로 유지하기 위한 회의였죠.

조선 총독부와 전라남도의 일본인 관료들은 왜 지주의 편을 들었을까요? 조선 총독부가 지주를 식민 통치의 바탕으로 삼았기 때문이에요. 적극적인 지원을 통해 지주들을 정치·경제적으로 성장시키고, 그들의 적극적인 협력을 받아 조선을 통치하고자 했던 거죠. 또한 쌀이 부족하던 일본에 조선의 쌀을 더 많이 가져가려면, 지주들이 소작료를 많이 받아야 했어요. 그래야 지주들이 쌀을 더 많이 내다 팔 수 있을 테니까요. 이것이 바로 일본인 관리들이 노골적으로 지주를 편드는 이유였어요.

경찰이 암태도 소작인회를 탄압하고 나서자, 전국의 노동자·농민 단체들이 모여 만든 상급의 노동자·농민 단체였던 '#조선 노농 총동맹'은 암태도 소작인회의 소작료 인하 요구 투쟁을 적극적으로 응원하고 나섭니다. 이제 암태도 소작인회의 싸움은 그들만의 싸움이 아니게 됐어요. 대놓고 지주 편을 드는 조선 총독부와 전국의 노동자·농민이 함께하는 싸움으로 확대된 것이죠.

새로운 돌파구가 필요하다

암태도 소작인회의 거듭된 소작료 인하 요구에도 문재철은 꿈쩍도 하지 않았어요. 그는 알고 있었어요. 자신이 버텨야, 다른 지주들도 버틸 수 있다는 사실을요. 또 그는 잘 알고 있었죠. 자신과 같은 지주가 버텨야, 일제가 세운 이 통치 시스템이 잘 굴러갈 수 있다는 것을 말이에요. 그러면 일본인들이 자신의 노력을 모른 척할 리 없었죠. 이것이 바로 그가 더 큰 부와 권력을 축적하는 비결이었어요.

문재철은 소작인들이 소작료 납부를 거부하자 직접 사람을 보내 소작료를 거두려고 했어요. 이로 인해 곳곳에서 싸움이 벌어졌어요. 소작료를 거두려는 지주와 소작료를 거부하는 농민들의 싸움이었어요.

1924년 6월 암태도 소작인회는 청년회, 부녀회와 함께 다시 한번 면민 대회를 열었어요. 소작료 문제는 전혀 해결될 기미가 보이지 않았고, 소작인회 간부들이 감옥에 갇힌 지는 이미 두 달이 다 돼가고 있어서 새로운 돌파구가 필요했던 거예요. 암태도 소작인회는 간부들의 석방을 위해 목포로 가서 시위를 벌이기로 결정했어요.

암태도의 남녀 주민 500여 명은 이틀에 걸쳐 일곱 척의 목선에 나누어 타고 목포로 갔어요. 이들은 도로 위에서 잠을 자고 끼니를 해결하며 목포 지방 법원의 지청 마당에서 '감옥에 갇힌 간부들을 풀어달라'고 호소했어요. 고된 노동의 흔적을 고스란히 갖고 있는 남녀 농민들의 시위는 보는 사람들로 하여금 안타까운 마음을 자아냈어요. 이들의 시위는 전국적으로 큰 반응을 불러일으켰어요. 변호사들은 무료로 변호를 해주겠다고 나섰고, 전국 각지에서는 싸우는 데 보태라고 성금을 모아 보내주었죠.

암태도의 주민들은 며칠간의 시위 끝에 겨우 일본인 판사를 만날 수 있었어요. 판사는 빠른 시일 안에 정식 재판에 상정할지 풀어줄지를 결정하겠다고 약속했죠. 주민들은 협상을 위해 문재철에게도 만남을 요청했지만, 문재철은 끝까지 거부했어요. 주민들은 가져온 식량도 모두 떨어지고 목포에 거주하는 친척들의 신세를 져야 했기 때문에, 더 이상 시위를 계속할 수 없었어요. 이 정도에서 일단 시위를 접고 암태도로 돌아갈 수밖에 없었죠.

그런데 7월 3일 감옥에 갇혔던 간부들이 한 명도 풀려나지 못하고 모두 기소가 되어 정식 재판을 하게 됐어요. 일본인 판사는 암태도 주민들 앞에서는 마치 간부들을 다 풀어줄 것처럼 굴었지만, 실제로는 다른 일본인 관리들과 마찬가지로 철저히 지주의 편에서 판결을 했던 거죠. 암태도 주민들은 이 소식을 듣고 큰 충격에 빠졌어요. 7월 8일 주민들은 단식 투쟁을 결의하고, 다시 배를 타고 목포로 달려갔어요. 이번에도 시위대는 500명이 넘었는데, 그중 200여 명은 노인과 여성들이었어요. 시위대는 목포 지청 검사국 마당에서 단식 투쟁에 들어갔어요. 해산하라는 경찰의 요구에도 시위대는 전혀 흔들리지 않았죠.

단식 투쟁과 함께 문재철과의 협상도 시작됐어요. 계속해서 소작인들과의 논의를 거부하던 문재철을 협상의 자리에 앉힌 것은 서울에서 내려온 조선 노농 총동맹 간부였어요. 전국을 대표하는 노동자·농민 단체가 요구하니 문재철도 계속 외면할 수 없었던 거예요. 하지만 문재철은 자신에 대한 사죄문을 만들어 신문에 내라고 요구했어요. 소작인들이 절대 받아들일 수 없는 조건이었죠. 결국 협상은 결렬되고 말았어요.

경찰은 암태도 주민들을 강제로 해산시키고, 이에 저항하는 농민들을 모두 체포했어요. 일주일 동안 계속된 암태도 주민들의 단식 투쟁은 아무것도 얻지 못한 채 끝이 났어요. 하지만 이들의 투쟁은 다시 한번 전국적으로 큰 화제가 됐어요. 이들의 투쟁을 응원하는 목소리는 시간이 갈수록 높아만 갔죠.

포기를 몰랐던 사람들

암태도 주민들의 투쟁 열기가 좀처럼 식지 않고 오히려 점점 거세지자 몸이 달기 시작한 사람들이 있었어요. 바로 목포의 일본인 경찰 간부들과 전라남도의 일본인 관료들이었어요. 이들은 암태도의 소작 쟁의가 전국적인 화제가 되고 있다는 사실이 몹시 부담스러웠어요. 문제를 해결하지 못해 소작 쟁의가 전국으로 퍼져나가기라도 하면, 자칫 자신들이 전부 책임져야 하는 상황이 올지도 모르니까요.

1924년 8월 목포 경찰서장은 문재철을 설득해, 소작료를 소작인들의 요구대로 생산량의 40퍼센트로 낮추는 대신 소작인들이 송덕비를 복구하는 조건으로 화해하도록 했어요. 여기에는 전라남도 고등 경찰 과장과 무안 군수, 조선 노농 총동맹 간부가 함께했어요. 목포 경찰에 무안 군수, 전라남도 경찰 간부까지 나서자 문재철도 더 이상 버틸 수 없었던 거예요.

하지만 문재철은 합의가 이루어진 이후에도 약속을 잘 지키지 않고 농민들을 괴롭혔어요. 그가 그렇게 마지막까지 심술을 부렸던 것은 자신이 가진 권력을 믿었기 때문이에요. 그의 믿음 가운데 가장 큰 부분은 일본인 관리들이 결코 자신을 버리지 않으리라는 생각이었고요. 일제의 식민지 지배가 계속되는 한, 그들은 식민 통치의 기초가 되는 지주들을 적극 옹호할 테니까요. 하지만 암태도 소작인회는 포기하지 않았어요. 문재철이 아무리 괴롭혀도 암태도 소작인회는 하나로 단결해 결연히 맞서 싸웠죠.

결국 암태도 소작인회의 소작 쟁의는 소작인들의 승리로 돌아갔어요. 재판에 붙여진 암태도 소작인회 간부들도 대부분 집행 유예로 풀려났고요. 물론 서태석 등 네 명은 실형을 선고받고 형무소에서 최대 2년까지 갇혀 있어야 했지만요. 하지만 암태도 소작 쟁의는 지주뿐만 아니라 일제의 식민 통치 권력에도 당당히 맞섬으로써, 많은 농민들에게 용기를 주었어요. 암태도에서 용기를 얻은 전국의 많은 소작인들은 스스로 일어나 자기의 싸움을 시작했어요. 이들의 싸움은 거대한 물결이 되었어요. 그리고 오래도록 일제의 식민 통치를 뒤흔들었죠. 이것이 바로 농민들의 소작 쟁의가 단순히 지주와 소작인 사이의 싸움이 아니라 '일제의 통치에 대항해 싸운 거대한 저항 운동'이 된 이유예요.

#13

알려지지 않은 별, 사회주의자들의 독립운동
| 6·10 만세 운동과 조선 공산당 |

#권오설 #강달영 #사회주의자 #조선_공산당 #6·10_만세_운동
#철제_관_속_시신 #잔인함의_끝은_어디인가

권오설 1897~1930
고려 공산 청년회 책임 비서

"조선 민중아! 우리의 철천지원수는
자본·제국주의의 일본이다!"

1920년대에는 사회주의와 민족주의라는 커다란 두 개
의 사상적 줄기가 있었다는 거 다들 알고 있죠? 그중 사회
주의자들이 모여 만든 단체가 있었으니, 바로 조선 공산당
이에요. 이들이 1926년 민족주의자들과 손을 잡고 기획
한 중요한 독립운동이 있는데, 어떤 운동이
었는지 함께 살펴봅시
다. 벌써부터 만세를 외
치는 소리가 들리는 것
같지 않나요?

1925년 4월 15일부터 서울에서 두 개의 행사가 연달아 열렸어요. 하나는 전국의 언론계 인사 600여 명이 모이는 '조선 기자 대회'라는 행사였고, 다른 하나는 전국의 노동자·농민·청년 단체의 대표 500여 명이 모이는 '전 조선 민중 운동자 대회'라는 행사였죠. 두 행사 모두 전국에서 많은 사람들이 모이는 대규모 행사이다 보니, 세상의 관심은 자연히 두 대회로 쏠렸어요. 경찰 당국도 두 대회에 감시의 눈길을 보냈고요.

그런데 이것을 노린 사람들이 있었어요. 그들은 세상의 관심이 한곳으로 쏠린 사이, 그 빈틈을 이용해 아무런 주목도 받지 않고 한곳에 모이려고 했죠. 그날은 4월 17일 조선 기자 대회의 마지막 날이었어요. 장소는 서울 시내의 한 중국 음식점이었고요. 오후 1시쯤이었으니, 19명이나 모였는데도 그저 평범한 점심 식사 자리처럼 보였어요. 하지만 이것은 결코 평범한 자리가 아니었죠. 여기 모인 사람들은 조선을 대표하는 #사회주의자들이었어요. 그들은 오늘 조선 민족의 해방과 계급 해방을 책임질 비밀 투쟁 조직을 만들기 위해 모였죠. 민족의 해방은 우리 민족의 독립을 말하는 것이고, 계급 해방은 공동 생산·공동 분배로 계급의 차이에서 벗어나 완전한 평등 사회가 되는 것을 말해요. 이 모든 것을 책임질 비밀 투쟁 조직으로 '#조선 공산당'이 만들어진 것이었어요.

그들은 왜 모스크바에 대표를 파견했나

조선 공산당은 일곱 개의 부서로 중앙 조직을 구성하고, 책임 비서 김재봉을 최고 지도자로 선출해 활발한 조직 활동을 벌여 나갔어요. 조선 공산당 산하에는 '고려 공산 청년회'라는 청년 조직을 두었는데, 이 조직은 박헌영이라는 인물이 책임을 맡았 어요.

조선 공산당은 조직이 어느 정도 갖추어지자 소련 모스크바 에 대표를 파견했어요. 코민테른의 승인을 받아 조선 공산당을 국제 공산당의 정식 지부로 인정받기 위해서였어요. 코민테른 이 뭐냐고요? 코민테른은 '국제 공산당'이라고도 하는데, 각국 의 공산주의 운동을 지도하고 지원하는 단체를 말해요. 코민테 른의 승인은 당시 공산주의 운동에서 가장 중요한 과제 중 하 나였어요. 국제 공산당의 지부가 된다는 것은 조선 공산당이 세계 공산주의 혁명 운동의 일부가 되는 동시에, 국제 공산당 의 공식 지원을 받아 조선의 혁명을 지도하게 된다는 의미였어 요. 이것은 조선 공산당이 다른 공산주의 그룹보다 우월한 존 재임을 증명하는 것이자, 실질적으로 소련의 경제적 지원을 받아 조직 활동을 벌일 수 있다는 뜻이었죠.

조선 공산당은 적극적인 조직 활동을 통해 당원들을 늘려나 갔어요. 특히 여러 사회단체의 활동가들을 당으로 끌어들여 당 의 조직을 강화해나갔죠. 《조선일보》《동아일보》 등의 신문사 에 비밀 조직을 만들어 적극적인 선전 활동도 펼쳤어요. 박헌 영의 고려 공산 청년회도 활발한 조직 활동을 펼쳤는데, 특히 이들은 능력 있는 청년들을 선발해 모스크바에 유학을 보냈어 요. 청년들을 사회주의 활동가로 키우기 위한 선택이었죠. 그 런데 이 무렵 조선 공산당을 뒤흔든 사건이 터졌어요.

술자리 말다툼이 가져온 붕괴 위기

사건의 시작은 술자리에서 생긴 사소한 말다툼이었어요. 1925년 11월 국경 도시 신의주에서 벌어진 일이었죠. 신의주 의 한 청년 단체 회원들이 결혼식 피로연을 하다가 아래층에 있던 다른 손님들과 시비가 붙었어요. 일제 경찰이 지역 친일 인사들에게 접대를 받다가 위층의 청년들에게 '조용히 좀 하 라'고 시비를 걸었죠. 청년들은 평소부터 그들의 건방진 태도 를 아니꼽게 생각하고 있었는데, 술기운에 그만 이성을 잃고 말았어요. 거친 말이 오가고 멱살잡이를 하다가 결국 폭력으로 치달았죠. 경찰과 친일 인사들은 10여 명의 청년들에게 흠씬

두들겨 맞았고, 인근 경찰서에서 경찰들이 긴급 출동한 후에야 겨우 사태가 진정되었죠.

문제는 두들겨 맞은 사람들 중에 경찰이 끼어 있다는 사실이었어요. 경찰들은 보복이라도 하려는 듯 청년들의 집을 뒤졌어요. 술자리에서 일어난 단순 폭력 사건에 집까지 수색하고 나섰으니, 이건 명백한 과잉 수사였죠. 그런데 한 청년의 집에서 수상한 문서가 나왔어요. 고려 공산 청년회의 박헌영이 상하이에 파견된 한 사회주의자에게 보내는 문서였어요.

비밀문서가 발견되면서 사건은 순식간에 대규모 조직 사건으로 발전했어요. 조선 공산당과 고려 공산 청년회의 중앙 조직 대부분이 세상에 드러났죠. 전국에서 대규모 검거 사태가 벌어졌고, 그 결과 조선 공산당의 책임 비서 김재봉과 고려 공산 청년회의 책임자 박헌영 등 주요 간부들이 대부분 체포됐어요. 겨우 검거를 피한 사람들은 중국으로 망명해야 했고요. 조선 공산당은 순식간에 붕괴 위기에 몰렸죠.

'위기'를 '기회'로, 강달영의 활약

하지만 다행히 당의 위기는 신속하게 수습됐어요. 체포되기 직전 김재봉이 위기에 대비하여 미리 뽑아두었던 #강달영에게 책임 비서 자리를 넘겼거든요. 강달영은 3·1 운동을 시작으로 오랫동안 민족 운동과 사회 운동에 참여했던 능력 있는 사회주의자였어요. 그는 조선일보사의 진주 지국장이라는 확실한 신분을 가지고 있었고, 세상에 비교적 덜 알려져 있어 책임 비서로 활동하기에 적합했죠. 그는 신속하게 당 중앙 조직을 복구했어요. 다행히 지방 조직은 들통나지 않았기 때문에, 그것만으로도 조직의 상당 부분을 정상화할 수 있었죠.

강달영은 여기서 멈추지 않았어요. 그는 조직 확대에 박차를 가해 당의 조직을 크게 키우고 중국 만주와 상하이, 일본 도쿄에도 조직을 만들었어요. 특히 상하이의 조직은 김단야처럼 경찰의 검거를 피해 망명한 당의 간부들이 중심이 됐어요. 이들은 상하이에서 코민테른과 당을 연결하는 역할을 담당했어요.

1926년 3월에는 소련 모스크바에서 반가운 소식이 들려왔어요. 코민테른이 조선 공산당을 정식 지부로 승인한 것이죠. 이제 조선 공산당은 소련의 공식적인 지원을 받으며 활동을 펼칠 수 있게 됐어요.

강달영은 당 조직 문제와 코민테른의 승인 문제까지 해결되자, 민족 해방 운동(독립운동)을 벌이기 위해 적극적으로 민족주의 세력과의 연합을 추진했어요. 강달영은 3·1 운동 당시 적극적으로 운동에 참가했던 천도교나 기독교 세력과 손을 잡고 민족 해방 운동을 펼치고자 했죠. 그때 조선 공산당과 그의 운명을 바꾸는 사건이 발생했어요. 1926년 4월 25일 대한 제국의 마지막 황제 순종이 사망한 것이었어요.

또 한 번의 만세를 준비하다

순종의 죽음은 순식간에 한반도를 비통함으로 몰아넣었어요.
순종은 일제가 아버지 고종을 몰아내고 강제로 내세운 불쌍한
황제였으니까요. '그의 삶에 한순간이라도 자발적인 선택이 존
재한 적이 있었을까?' 조선인들은 그 불쌍한 황제의 죽음을 계
기로, 다시 한번 식민지인으로 사는 자신들의 애달픈 삶을 떠
올렸어요. 슬픔과 울분이 조선을 뒤덮었고 반일 감정이 들끓어
오르면서, 전국의 많은 상인들이 가게 문을 닫았고 많은 학생
들이 등교를 거부했죠.

　조선 공산당은 순종 장례일인 6월 10일에 맞춰 대규모 만세
시위를 계획했어요. 바로 '#6·10 만세 운동'이었어요. 이 계획
에는 특히 망명 간부 김단야가 적극적이었어요. 김단야는 강달
영이나 박헌영처럼 3·1 운동의 경험을 바탕으로 독립운동을
시작한 3·1 운동이 키운 대표적인 독립운동가였어요. 그에게
3·1 운동은 대중이 하나로 뭉치면 얼마나 강한 힘을 갖게 되는
지 깨닫게 해준 사건이었어요. 그는 다시 한번 3·1 운동을 재현
하고 싶었어요. 대중의 하나 된 힘이 이 세상을 바꾸길 원했죠.

　조선 공산당은 사회주의자와 민족주의자가 모두 함께하는

'대한 독립당'이라는 독립운동 조직을 만들어 과거 3·1 운동에서 민족 대표 33인이 했던 역할을 담당하게 하려고 했어요. 하지만 이것은 잘되지 않았어요. 민족주의자 대부분이 3·1 운동 이후 뒤따른 일제의 참혹한 탄압을 떠올리고 참여하길 꺼렸기 때문이에요. 하지만 천도교의 일부 세력이 참여하면서 부분적이나마 사회주의자와 민족주의자의 연합이 이뤄졌어요.

조선 공산당은 만세 시위를 지도하기 위해 #권오설을 책임자로 하는 '투쟁 특별 위원회'를 꾸렸어요. 권오설은 박헌영이 체포된 후 새롭게 고려 공산 청년회 책임을 맡은 사람으로, 경북 안동과 대구에서 노동 운동을 하다가 중앙 간부로 발탁된 인재였어요. 권오설은 상하이의 김단야와 직접 연락하며 투쟁 계획을 수립하고, 시위를 이끌 학생 조직을 지도했어요. 김단야는 코민테른과의 교섭을 통해 운동자금을 지원받아 국내 조직에 전달했어요. 그는 만세 시위에 사용할 선전 격문을 직접 인쇄해 국내로 보내기도 했죠. 준비는 순조로웠어요. 6월 10일, 그날이 오기만을 기다리면 되었죠. 하지만 계획은 어긋나고 말았어요.

독립 의지를 다시 한번 만방에 과시하다

1926년 6월 6일, 일제 경찰이 서울 경운동에 있는 천도교 본부에 들이닥쳤어요. 중국 위조 화폐 범인을 추적하는 과정에서 우연히 대한 독립당 명의의 불온 문서가 발견되었는데, 수사 결과 그것은 천도교가 운영하는 잡지사인 '개벽사'의 한 직원에게서 유출된 문서였던 거예요. 경찰은 천도교 본부를 수색해 다섯 종류의 격문 5만여 장을 찾아냈어요. 경찰은 천도교 인사들을 체포해 수사하다가, 천도교 전 교주 박인호의 조카인 박래원을 용의자로 체포했어요. 그는 서울 인쇄 직공 청년 동맹의 상무 집행 위원이자 조선 노농 총동맹의 집행 위원으로 활약하며, 노동 운동을 벌이던 인물이었어요. 그는 자신에게 씌워진 모든 혐의를 부인했지만 경찰의 폭력적인 고문 앞에 무너졌어요. 결국 그는 자신의 뒤에 권오설이 있음을 자백하고 말았죠.

다음 날 경찰이 이제 막 집을 나서는 권오설 앞에 나타났어요. 그는 위험을 느끼고 몸을 피하려는 중이었는데 간발의 차이로 경찰에 붙잡히고 말았어요. 조금만 빨랐어도 몸을 피할 수 있었을 텐데, 안타깝게도 그에겐 단 몇 분의 시간이 부족했던 거예요.

경찰은 권오설에게도 살인적인 고문을 가했어요. 앞니 두 개가 부러질 정도로 심한 구타도 당했죠. 결국 권오설도 무너지고 말았어요. 그는 만세 시위의 배후에 조선 공산당이 있다는 사실과 함께, 책임 비서 강달영의 은신처까지 자백하고 말았죠. 경찰은 즉시 강달영을 체포하러 나섰지만 다행히 강달영은 이미 몸을 피한 뒤였어요.

권오설이 붙잡히고 난 후 6·10 만세 운동은 어떻게 되었을까요? 6·10 만세 운동은 투쟁 지도부 대부분이 검거되거나 도피한 상태였지만, 그래도 예정대로 진행됐어요. 검거를 피한 학생들이 위험을 무릅쓰고 만세 시위에 나섰기 때문이에요. 학생들은 순종의 장례 행렬이 지나가는 서울의 곳곳에서 격문을 뿌리고 만세 시위를 벌였어요. 전국 각지에서도 만세 시위가 잇따랐어요. 물론 6·10 만세 운동은 3·1 운동만큼 규모가 크진 않았어요. 3·1 운동 당시 참혹한 실패를 경험했던 일제가 만세 시위가 커지지 않도록 곳곳에 경찰과 군대를 배치해 만세 운동을 봉쇄했기 때문이에요. 하지만 6·10 만세 운동은 다시 한번 우리 민족의 독립 의지를 만방에 과시한 사건으로 기록됐어요. 더욱이 6·10 만세 운동은 사회주의자들이 계획하고, 민족주의자들이 함께한 최초의 민족 운동이었죠.

대대적인 검거 열풍에 휘말리다

6·10 만세 운동으로 조선 공산당은 다시 한번 경찰의 대대적인 수사에 직면했어요. 몸을 피했던 강달영은 안타깝게도 도피 생활 한 달여 만에 경찰에 체포되고 말았어요. 바나나 장수

로 가장하고 도피 자금을 인출하러 은행에 갔다가 잠복한 경찰에 붙잡히고 말았죠. 그 역시 경찰의 극심한 고문을 피할 수 없었어요. 더구나 얼마 지나지 않아 조선 공산당의 비밀문서들이 발각되고 경찰이 그 문서의 암호를 해독하면서, 조선 공산당은 대대적인 검거 열풍에 휘말렸어요.

결국 조선 공산당은 거의 모든 것이 무너져내릴 정도로 심각한 피해를 입고 말았어요. 이번엔 중앙 조직뿐만 아니라 지방 조직까지도 치명적인 상처를 입었죠. 강달영은 경찰의 폭력적인 고문으로 정신까지 무너져내렸어요. 불행히도 그는 평생 정신병에 시달렸고, 다시는 온전한 정신으로 살지 못했죠.

권오설은 체포된 동료들과 함께 자신들을 고문한 일제 경찰을 고소했어요. 고문 경찰로 이름을 날렸던 미와 와사부로를 비롯한 네 명의 경찰이 대상이었죠. 그들 중엔 한국인 경찰도 한 명 끼어 있었어요. 당시에 조선인이 일제 경찰을 고소하는 일은 거의 없었기 때문에, 조선에서는 고소만으로도 크게 화제가 됐어요. 하지만 일제 당국은 증거가 없다는 이유로 끝까지 고문 경찰을 처벌하지 않았죠.

권오설은 결국 감옥에서 순국하고 말았어요. 일제 당국은 그의 가족들이 시신을 보지 못하도록 철제 관에 넣어 납땜으로 밀봉한 후에야 넘겨줬어요. 아마도 권오설의 시신에 그들의 고문 흔적이 그대로 남아 있었기 때문이겠죠.

강달영과 권오설처럼 많은 사회주의자들이 일제 당국의 폭력에 희생됐어요. 하지만 이들의 투쟁은 좀처럼 끝나지 않았어요. 민족 해방과 계급 해방을 위한 이들의 싸움은 계속됐어요. 일제의 폭력은 결코 이들의 꿈을 잠재울 수 없었죠.

14

이념은 달랐지만 독립의 꿈은 같았던 이들이 하나로 뭉치다 | 신간회 |

#이상재 #허헌 #민족_최대_규모 #비타협적_민족주의자
#정우회_선언 #신간회 #신민회_아님

이상재 1850~1927
신간회 창립 회장

"우리는 단결을 공고히 한다.
우리는 기회주의를 일체 부정한다"

민족주의 세력과 사회주의 세력이 연합해 결성
한 일제하 최대의 민족 운동 단체는 무엇이었을까
요? 합법적인 단체였지만 존재만으로도 일본에
부담을 주었던 이 단체는 어디일까요? 신민회?
신간회? 헷갈린다면 얼른 다음 장을 읽어봅시다!

1927년 2월 15일 저녁 서울 종로에 있는 중앙 기독교 청년회 (YMCA) 대강당에 사람들이 모여들기 시작했어요. 관계자만 200명에 행사를 보러 온 방청객도 800명이 넘었으니, 이 행사가 얼마나 많은 사람들의 관심을 받았는지 알 수 있죠. 이날 행사는 민족 운동 단체 '#신간회'를 창립하는 자리였어요.

신간회는 조선 총독부의 허가를 받아 설립된 합법적인 민족 운동 단체로, 민족주의자와 사회주의자가 모두 함께한 단체였어요. 후일 이 단체는 전국에 설립한 지회가 최대 143개, 전체 회원 수가 4만여 명에 달하는 민족 최대의 단체로 성장했죠.

신간회는 민족주의자와 사회주의자가 함께했다는 점에서도 그렇고, #민족 최대 규모였다는 점에서도 역사에 유례가 없는 단체였어요. 신간회는 어떻게 민족을 대표하는 단체가 될 수 있었을까요?

민족주의자들은 어떻게 신간회에 참여하게 되었을까?

먼저 민족주의자들이 어떻게 신간회에 참여하게 되었는지부터 알아봅시다. 《동아일보》를 중심으로 활동하던 민족주의자들은 1922년 무렵 '민족의 정치적 중심 세력'이 필요하다는 주장을 펼치기 시작해요. 《동아일보》의 송진우가 중심인물이었죠. 이들은 1924년 1월 이광수가 쓴 〈민족적 경륜〉이라는 논설을 통해 '합법적인 정치 단체' 결성을 주장하고 나섰어요. 그리고 1월 중순 민족주의자들을 한자리에 모아 '연정회'라는 이름의 조직을 만들려고 했죠.

하지만 이들은 연정회 조직에 실패했어요. 〈민족적 경륜〉에 대한 비판이 《동아일보》 불매 운동으로 번질 정도로, 맹렬한 반대 운동으로 나타났기 때문이에요.

대부분의 사람들은 연정회를 일제에 타협하는 '자치 운동' 단체로 의심했어요. 자치 운동이란 일제의 양보하에 자치권을 획득하여, 조선에 의회를 설립하거나 지방 자치제를 도입하려는 운동을 말해요. 문제는 조선에서 나타난 자치 운동이 대개 일제에 대한 저항과 독립을 포기하는 형태로 전개되었다는 점이에요. 당시 사람들은 '정치'라는 말만 해도 '친일'로 의심했는데, 당시에 '정치'를 얘기하는 사람들은 대부분 노골적인 '친일파'들밖에 없었기 때문이죠. 이런 친일파들은 대부분 자치 운동이나 참정권 운동을 하면서 일제에 타협적인 정치 운동을 벌였죠.

연정회 결성이 실패한 후 민족주의자들의 합법적 정치 단체 결성 노력은 한동안 모습을 드러내지 않았어요. 그러다 2년여가 지난 1926년 9월 다시 시작됐죠. 이번에도 운동을 주도한 세력은 송진우를 중심으로 한《동아일보》세력이었어요. 세상에는 '연정회' 부활 시도로 알려졌죠. 여기에는 송진우를 중심으로 한《동아일보》세력 외에도 안재홍을 중심으로 한《조선일보》세력, 수양 동우회와 흥업 구락부로 구분되는 기독교 세력, 천도교의 신파 세력과 구파 세력 등 민족주의 세력의 대부분이 포함돼 있었어요. 또한 사회주의자들도 일부 참여하고 있었고요.

그런데 민족주의자들의 합법적 정치 단체 건설 시도는 또다시 실패하고 말았어요. 모임의 결과가 타협적 자치 운동으로 흐르는 것을 두려워한 인사들이 외부의 사회주의자들에게 연락하여 조직의 결성을 방해했기 때문이에요. 이때 사람들이 특히 우려했던 세력은 최린을 중심으로 하는 천도교 신파 세력이었어요. 최린은 조선 총독부와 밀접한 연결 속에서 타협적인 자치 운동을 펼치고 있었거든요.

결국 민족주의자들은 최린을 중심으로 한 타협적인 자치 운동 세력을 제외하고, 합법적 정치 단체의 건설을 시도했어요. #비타협적 민족주의자들을 최대한 결집해 최대의 민족 운동 단체를 만들고자 했죠. 그 노력의 결과가 바로 1927년 2월 세상에 등장한 '신간회'였어요.

사회주의자들은 어떻게 신간회에 참여하게 되었을까?

그럼 사회주의자들은 어떻게 신간회에 참여하게 됐을까요? 조선 공산당은 민족 해방 운동(독립운동)을 펼치기 위해 기회가 될 때마다 민족주의자들과 힘을 합치고자 노력해왔어요. 사회주의자들은 민족 해방 운동을 위해 민족주의자들과 손을 잡는 것을 '민족 협동 전선'이라고 불러요. 1926년 조선 공산당이 민족주의 세력인 천도교 구파 세력과 손잡고 6·10 만세 운동을 벌인 것도 민족 협동 전선의 대표적인 예라고 할 수 있죠.

그런데 조선 공산당은 6·10 만세 운동 과정에서 시작된 대규모 검거 사태로, 중앙 조직과 지방 조직의 대부분을 잃고 말았어요. 위기에 처한 조선 공산당은 힘겹게 조직을 복구한 후, '정우회'라는 단체를 통해 다시 한번 사회주의자들이 민족주의자들과 힘을 합쳐야 한다는 주장을 발표했어요. 민족주의자들과 함께 민족 해방 운동에 나서야 한다는 것이었죠. 사람들은 이것을 '#정우회 선언'이라고 불러요.

조선 공산당은 비밀 단체이기 때문에, 당원들이 공개적으로 활동하기 위해선 합법적인 단체가 필요했어요. 그것이 정우회라는 단체였죠. 조선 공산당의 당원들은 대부분 이 단체에 가입해 공개적인 활동을 벌였죠. 그런데 대부분의 당원이 정우회 회원이다 보니, 일제 경찰이 정우회 회원들만 체포하면 조선 공산당의 당원 대부분을 잡을 수 있다는 점이 문제였어요. 정우회를 통한다면 경찰은 손쉽게 조선 공산당을 붕괴시킬 수 있었던 거죠. 실제로 이런 일이 6·10 만세 운동 이후의 대규모 검거 사태 당시 벌어졌어요. 그래서 조선 공산당은 더 많은 피해를 입을 수밖에 없었던 거죠.

고민 끝에 조선 공산당은 당 조직의 보안을 지키기 위해 공개 단체인 정우회를 해산하기로 했어요. 그리고 앞으로는 그들 스스로 공개 조직을 만들지 않고, 민족주의자들이 정당을 만들면 그 단체에 가입해서 활동을 벌이기로 했죠. 얼마 후 민족주의자들이 합법적인 정치 단체를 결성하기 위한 논의를 시작했어요. 그 논의에 사회주의자들도 일부 참여했고요. 그 결과 1927년 2월 신간회가 만들어졌고, 사회주의자들은 여기에 가입해 활동을 전개했어요. 그들에게 신간회는 민족 해방 운동을 위한 민족 협동 전선이자, 자신들의 공개적인 활동을 가능하도록 하는 공개 단체 역할을 했죠. 이것이 바로 사회주의자들이 신간회에 적극적으로 참여하게 된 이유예요.

결과적으로 신간회는 민족주의자들의 합법적 정치 운동의 결과물이자, 사회주의자들의 민족 협동 전선으로 만들어진 단체였던 거죠.

힘을 합친 신간회가 두려웠던 조선 총독부

신간회의 초대 회장은 사회 운동가로 이름 높았던 #이상재가 선출됐어요. 부회장은 천도교 구파 지도자로 3·1 운동 당시 민족 대표 33인 중 한 명이었던 권동진이 선출됐고요. 그 아래 35명의 간사를 뽑아 신간회의 중앙 본부를 구성했어요.

신간회의 지방 조직은 각 지방에 지회를 설립하는 형태로 조직됐어요. 1927년 5월부터 본격적으로 지회가 설립되기 시작해, 그해 말에는 100개를 돌파할 정도로 급속히 늘어났죠. 조선인들이 신간회에 거는 기대가 그만큼 컸음을 알 수 있어요.

신간회는 어떤 활동을 펼쳤을까요? 신간회는 거의 모든 사회 운동과 민족 운동에 함께하고자 했어요. 전국 각지에서 벌어지는 노동 운동과 소작 쟁의에 대표를 파견해, 현지 상황을 조사하고 대책을 마련하고자 했죠. 학생들의 동맹 휴학에도 지원을 아끼지 않았고, 조선인들의 각종 권익 옹호 운동에도 적극적으로 참여했어요. 언론·출판·집회·결사의 탄압을 규탄하는 운동에도 열심이었고, 일본인의 조선인 차별에 반대하는 운동에도 적극 동참했죠.

신간회의 힘은 점점 강해졌어요. 처음에 참여하지 않았던 민족주의자들도 대부분 신간회에 동참하게 되었고, 지방 지회도 점점 늘어갔죠. 신간회의 깃발 아래 거의 대부분의 민족주의자들과 사회주의자들이 결집하게 된 거예요. 그러자 위기를 느 낀 자들이 있었어요. 바로 조선 총독부였죠. 그들은 더 이상 신 간회를 가만히 두어서는 안 된다고 생각했어요. 그들은 신간회 의 활동을 탄압하기 시작했어요. 조선 총독부는 1928년 2월 로 예정된 신간회 정기 대회를 금지했어요. 이와 함께 사설의 내용을 문제 삼아《조선일보》를 정간시켰어요. 신간회 중앙에 《조선일보》와 관련된 인물이 많았기 때문이죠. 조선 총독부는 이들에게 신간회 탈퇴를 강요했어요. 그러면《조선일보》를 복 간해주겠다고 했죠. 이들은 어쩔 수 없이 신간회를 탈퇴했고, 이로 인해 신간회 중앙은 큰 타격을 받게 되었어요.

협동이라는 소중한 기억을 남기다

신간회는 중앙 조직을 대폭 개편했어요. 인권 변호사로 이름 높았던 #허헌을 중심으로 새로운 중앙 조직을 구성했죠. 허헌 의 중앙 조직은 예전보다 훨씬 강한 민족주의자들과 사회주의 자들로 이루어졌어요. 허헌의 중앙 조직에는 모두 78명의 간 부가 있었는데, 이전에 간부였던 사람은 다섯 명에 불과했어 요. 신간회의 중앙 조직이 거의 교체되었음을 알 수 있죠. 허헌 의 중앙 조직은 지회의 요구를 적극 수용하면서, 신간회에 새 로운 바람을 불러일으켰어요.

광주 학생 항일 운동이 일어난 것은 바로 이 무렵이었어요. 신간회는 광주의 상황을 알아보기 위해 곧바로 허헌과 황상규 등 중앙 간부를 파견했어요. 이들은 시위를 지도하고 있던 장석천을 만나, 광주의 시위를 전국적으로 확대하기로 결정했어요. 허헌은 서울로 돌아와 간부들과 대책을 논의한 끝에 비판 연설회를 개최해 광주의 상황을 널리 알리고, 조선 총독부의 정책을 비판하기로 했어요. 하지만 경찰 당국은 비판 연설회를 허가하지 않았죠.

12월 5일 서울에서 학생들의 시위가 시작되자, 신간회 간부들은 12월 14일 민중 대회를 열기로 결정했어요. 학생들의 시위를 일반 사회로 확대하기 위해서였죠. 신간회의 계획을 알게 된 경찰은 민중 대회 개최를 당장 중지하라고 요구하고 나섰어요. 하지만 신간회 간부들은 그 요구를 거부하고, 민중 대회를 계획대로 진행하기로 했죠. 그러자 경찰은 민중 대회 하루 전날인 12월 13일 허헌 등 신간회 간부 수십 명을 긴급 체포했어요. 신간회는 민중 대회가 금지되면 곧바로 전 민족적 시위 운동에 나선다는 계획도 세웠지만, 주요 간부들이 모두 체포되자 이 계획은 허무하게 무너지고 말았어요. 계획을 실현할 구체적인 준비가 제대로 되지 않았기 때문이었죠.

이후 신간회는 안타깝게도 예전의 활력을 되찾지 못했어요. 허헌의 중앙 조직이 무너진 이후 새롭게 만들어진 중앙 조직은 예전보다 훨씬 더 타협적인 인사들로 이루어졌거든요. 여기에 신간회를 약화시키려는 조선 총독부의 노력이 점점 더 심해지고, 타협적인 자치론자들이 조직에 야금야금 들어오면서 신간회는 더욱더 타협적이고 나약한 단체가 되고 말았죠. 결국 사회주의자들에 의해 신간회를 해체하자는 의견이 나오게 됐고, 1931년 5월 16일 정기 대회를 통해 해산하고 말았어요. 매년 신간회의 정기 대회를 금지했던 조선 총독부는 얄밉게도 해산을 위해 정기 대회를 열겠다고 신고하자, 그제서야 허가해주었어요.

민족주의자와 사회주의자가 함께했던 민족 최대의 단체 신간회는 그렇게 역사 속으로 사라지고 말았어요. 하지만 두 세력이 함께 힘을 모았던 경험은 두고두고 우리 민족의 소중한 역사적 자산이 되었어요.

15

'타도! 일본 제국주의'를 외친
조선의 청소년들 | 광주 학생 항일 운동과 장재성 |

#학생들 #민족_차별 #장재성 #장석천 #광주_학생_항일_운동
#거_차별이_너무_심한_거_아니오?

학생들

"조선 각지의 우리 동포들은
철창에서 신음하고 있다.
우리들은 평안하게 앉아서
공부할 수 있겠는가"

3·1 운동 이후 가장 규모가 큰 항일 운동이 무엇인지 알고
있나요? 바로 광주 학생 항일 운동이에요. 학생들이 주도
하고 조직해서 일으킨 항일 운동이 이렇게 엄청난 사건이
되다니 놀랍지 않나요? 무엇이 그 시절의 학생들을
화나게 했고 행동하게 했는지 함께 알아봅시다!

1929년 10월 30일 어느 평범한 가을날이었어요. 오후 5시 30분쯤 나주역에 기차가 한 대 도착했어요. 이제 막 해가 져서 하늘이 어둑어둑해질 무렵이었죠. 승객 30여 명이 기차에서 내려 개표구를 빠져나왔어요. 승객들 중엔 광주에 있는 고등 보통학교와 중학교에 다니기 위해 매일 기차로 통학하는 #학생들도 있었어요.

얼마 후 개찰구가 요란해지더니 학생들이 나왔어요. 그런데 일본인 남학생 세 명이 앞에 가고 있는 조선인 여학생들을 무리하게 밀치며 빠른 속도로 앞질러 갔어요. 여학생들은 자기도 모르게 비명을 질렀고, 그 옆에 있던 조선인 남학생은 화난 얼굴로 일본인 학생들을 붙잡아 세웠죠. 그는 공공장소에서 질서를 지키지 않은 그들을 나무랐어요. 그런데 일본인 학생들은 사과는커녕 오히려 화를 냈죠.

양측은 말다툼을 벌였어요. 그 과정에서 한 일본인 학생이 조선인 학생에게 '조선인인 주제에'라고 모욕적인 발언을 했어요. 조선인 학생은 더 이상 참지 못했어요. 그는 주먹을 날렸고 순식간에 격투가 벌어졌죠. 그때 나주역에서 근무하는 일본인 경찰이 그것을 보고 싸움을 뜯어말렸어요. 하지만 그 경찰은 양쪽을 화해시킬 수 있는 사람이 아니었어요. 그는 언제나 일본인 편만 드는 편파적인 경찰로 유명했거든요.

아니나 다를까, 이날도 그는 다짜고짜 조선인 학생의 뺨을 수차례 때리며 꾸짖었죠. 이 광경을 나주에서 광주로 통학하는 조선인 학생들이 모두 목격했어요. 사건을 본 학생들은 일본인 학생의 무례함과 일본인 경찰의 부당한 처사에 분노했죠. 하지만 이때만 해도 이 사건이 조선 전체를 뒤흔들 사건으로 발전하리라고는 아무도 생각하지 않았어요.

11월 3일, 첫 번째 시위가 벌어지다

모든 일은 우연히 벌어졌어요. 하지만 그것은 언제 일어나도 이상하지 않은 일이었어요. 일제의 #민족 차별은 일상이었고, 조선인들의 감정을 해치는 일은 매일매일 벌어졌으니까요.

억울하게 일본인 경찰에게 뺨까지 맞았던 조선인 학생은 다음 날 등굣길, 기차에서 친구들과 함께 일본인 학생을 찾아가 사과를 요구했어요. 하지만 일본인 학생은 사과를 거부했고, 또다시 싸움이 벌어졌죠. 그런데 양쪽의 싸움을 말린 일본인 차장과 일본인 승객들은 이번에도 일방적으로 조선인 학생들만 혼내고 모욕을 줬어요. 이 소식은 곧바로 광주 시내 학생들에게 퍼졌고, 조선인 학생들은 일본인들의 부당한 처사에 점점 흥분하게 됐죠.

그런데 여기에 일본인 학생들이 기름을 부었어요. 이틀에 걸친 싸움에서 조선인 학생들에게 두들겨 맞았던 일본인 학생들이 분풀이를 하겠다고, 다음 날 일본인 유도 교사와 함께 광주역에 나타난 거예요. 평소 식민지 지배 민족으로 우월감에 젖어 살던 그들이었으니, 조선인 학생에게 맞은 일이 꽤나 자존심이 상했던 거죠.

이제 싸움은 몇몇 개인의 싸움이 아니라 집단의 싸움이 됐어요. 양측의 싸움은 소식을 듣고 달려온 교사와 경찰의 제지로 겨우 멈췄어요. 하지만 이것이 끝이 아니었죠. 11월 3일 일본인 학생들이 또다시 조선인 학생들을 도발했기 때문이에요.

11월 3일은 일요일이었어요. 일요일인데도 학생들은 학교에 가야 했죠. 그날은 '메이지 국왕 탄생 기념일'인 데다가 '전남 지역 누에고치 생산 6만 석 돌파 기념식'이 있는 날이었어요. 학생들은 모두 이날 행사에 동원됐죠. 조선인 학생들은 마음이 착잡했어요. 나주역 사건으로 감정이 상해 있던 상황에서 정복자의 기념식에 동원되었으니, 그 마음이 오죽했겠어요? 더구나 그날은 음력 10월 3일 개천절이었어요. 지금은 개천절을 양력 10월 3일로 기념하지만, 원래는 음력 10월 3일로 기념했거든요. 나라가 없다는 건 그런 것이었어요. 하고 싶은 걸할 수도 없었고, 하고 싶지 않은 것을 안 할 수도 없었죠. 매일

매일이 자존심이 상하는 일뿐이었어요.

　그런데 요란한 기념식을 끝내고 돌아가던 학생들은 생각지도 못한 봉변을 당했어요. 전날 보복에 실패한 일본인 학생들이 칼까지 준비해와서 싸움을 걸었던 거예요. 양측의 싸움은 순식간에 집단적인 패싸움으로 바뀌었어요. 광주역에는 시간이 갈수록 학생들의 숫자가 불어났고, 각목이나 곤봉 같은 무기도 동원됐어요. 여학생들은 돌을 주워주고 다친 학생을 치료하면서 싸움을 도왔고요.

　양쪽의 싸움은 경찰과 소방대가 긴급 출동하고, 교사들이 말리면서 간신히 진정됐어요. 일단 학생들은 모두 각자의 학교로 돌아갔어요. 조선인 학생들은 광주 고등 보통학교 체육관으로 이동해서 회의를 열었어요. 충돌이 일어나게 된 이유를 파악하고 향후 대책을 논의하는 회의였죠.

　학생들은 일본인들이 다니는 광주 중학교 앞에 가서 시위를 벌이기로 했어요. 일본인 학생들에게 위력적인 시위를 보여줘, 다시는 그들이 조선인 학생들을 해코지하지 못하게 하자는 것이었죠. 광주 고등 보통학교 학생들은 각목과 곤봉으로 무장하고 거리로 나섰어요. 여기에 광주 농업 학교 학생들도 함께해서 시위대는 약 300명에 달했어요.

　시위대는 광주 중학교를 향해 행진했어요. 그런데 경찰과 소방대가 길을 막자 시위대는 어쩔 수 없이 광주 중심가로 방향을 바꿨어요. 이 무렵 전남 사범 학교 학생들과 광주 여자 고등 보통학교 학생들도 시위 대열에 동참했어요. 경찰과 소방대는 시내 곳곳에서 시위대를 막아섰지만, 학생들의 행진을 완전히 막을 수는 없었어요. 시위대는 시내를 돌면서 한참을 시위하다가 오후 3시경 해산했어요.

시위를 지도한 장재성과 사회주의자들

이날 조선인 학생과 일본인 학생의 집단적인 패싸움이 질서 정연한 거리 시위로 발전한 데에는 #장재성이라는 인물이 큰 영향을 미쳤어요. 장재성은 광주 고등 보통학교 졸업생으로, 학교에 다니던 1926년 11월 친구들과 함께 '성진회'라는 비밀 결사를 만들었죠. 1920년대 후반부터 학생들 사이에는 사회주의 서적을 함께 읽고 공부하는 독서회 활동이 전국적으로 활발하게 일어났는데, 성진회도 사회주의를 공부하는 비밀 단체였어요.

장재성은 학교를 졸업한 후 일본 주오 대학으로 유학을 떠났어요. 하지만 그는 방학 때마다 조선에 돌아와 모교의 후배들을 챙겼어요. 모교에서 동맹 휴학이 크게 일어났을 때에는 직접 나서서 학생들을 돕기도 했고요. 동맹 휴학이란 교사나 학교, 교육의 문제를 제기하기 위해 학생들이 집단적으로 등교를 거부하는 것을 말해요. 결국 장재성은 유학을 그만두고 조선에 돌아왔어요. 사회주의자로서 본격적으로 민족 해방과 계급 해방을 위해 일하려는 포부에서였죠. 장재성은 돌아오자마자 후배 학생들을 만나 각 학교에 독서회를 새롭게 조직해요. 그리고 그 독서회들을 지도하는 기관으로 '독서회 중앙부'를 조직하고 책임자가 됐죠. 11월 3일 학생들의 거리 시위를 지도한 것도 바로 장재성의 독서회 중앙부와 각 학교의 독서회 회원들이었어요.

장재성의 뒤에는 광주에서 활동하는 여러 사회단체의 활동가들이 있었어요. 특히 #장석천이라는 인물은 성진회 시절부터 친밀한 관계였어요. 그는 전남 청년 연맹 위원장으로 활동하며, 전라남도 지역의 사회주의 운동에 깊숙이 관여했던 사람이에요. 장석천은 장재성의 활동을 적극 지원하면서 광주의 사회주의 운동을 이끌었죠.

그런데 11월 3일의 거리 시위는 일본인들에게 상당한 충격을 줬어요. 그날 일본인들은 자신들이 경찰과 군대를 앞세워 힘들게 만들어놓은 사회 질서가 조선인 학생들에 의해서 한순간에 무너지는 모습을 목격했어요. 위기의식에 빠진 그들은 조선 총독부에 군대 파견을 요청하고, 광주 고등 보통학교를 폐교하라고 목소리를 높였죠. 이들의 압박에 경찰은 시위 학생들을 대거 체포하기 시작했어요. 부상을 당해 병원에 입원해 있는 학생들까지 70명이 넘는 조선인 학생을 강제로 끌고 갔죠.

일본인 학생들은 겨우 일곱 명이 체포됐는데, 그나마도 금방 풀어줬고요. 조선인들은 일제 당국의 차별적인 대우에 다시 한번 분노했어요. 도저히 가만히 있을 수 없었죠.

한편 11월 3일 시위 소식이 알려지자, 서울의 사회 활동가들과 학생 운동가들이 잇달아 광주를 방문했어요. 민족 최대의 단체였던 신간회는 허헌·황상규 등 중앙 간부를 파견했고, 중앙 청년 동맹과 조선 학생 과학 연구회는 청년·학생 활동가를 파견했어요. 광주의 진상을 파악하고 대책을 마련하기 위해서였죠. 장석천은 이들과 만나 광주의 상황을 알리는 한편, 광주의 시위를 전국으로 확대시키는 방안을 논의했어요. 신간회의 간부들은 기꺼이 함께하기로 했어요. 서울의 청년·학생 활동가들도 모두 찬성했죠.

광주 학생들이 외치다, '조선 민중아, 궐기하자!'

장재성은 장석천 등 전남 청년 연맹의 인사들과 함께 향후 대책을 논의했어요. 장재성과 장석천은 검거된 학생들을 석방시키려면, 다시 한번 시위를 조직할 필요가 있다고 생각했어요. 장재성은 각 학교 독서회의 중심인물들을 모두 소집했어요. 이들은 학생들을 조직하고 격문을 인쇄하고 시위 계획을 짰어요. 제2차 시위는 11월 12일로 정해졌어요. 그날은 광주의 장날

이어서 일반 시민들의 호응도 기대할 수 있었어요.

11월 12일 첫 수업을 알리는 종이 제2차 시위를 알리는 신호였어요. 독서회 회원들의 지휘에 따라 광주 고등 보통학교 학생들은 구호를 외치며 일제히 교실 밖으로 뛰쳐나갔어요. 학생들은 '구속 학생 석방하라' 등의 구호를 외치며 시위를 시작했어요. 그들은 '학생 대중아, 궐기하자' '조선 민중아, 궐기하자'라고 쓰인 격문을 시민들에게 배포했어요.

시위에 참가한 학생들은 광주 고등 보통학교 학생 300여 명과 광주 농업 학교 학생 200여 명이었어요. 시위 학생들은 전남 사범 학교와 광주 여자 고등 보통학교에도 들러 함께 행진하자고 호소했지만, 이 학교 학생들은 교사와 경찰들이 교문을 봉쇄해서 밖으로 나오지 못했어요. 시위 학생들은 학우들이 붙잡혀 있는 광주 형무소로 행진했어요. 거기에 가서 함성으로라도 감옥에 갇혀 있는 학생들을 응원하자는 생각이었어요.

당국은 광주 인근의 경찰력까지 총동원해 시위를 진압했어요. 일제 경찰은 학생들을 겹겹이 포위하고, 마구잡이로 체포하기 시작했어요. 이날 시위로 일제 경찰에 체포된 학생은 250여 명에 달했어요. 학생들의 배후 세력으로 지목된 전라남도의 청년 단체 회원 160명도 잇달아 검거됐고요. 장재성과 독서회 회원들도 경찰의 체포망을 피하지 못했어요. 하지만 몇몇은 광주를 탈출하는 데 성공했어요. 그 가운데 전남 청년 연맹 위원장 장석천도 끼어 있었죠.

시위의 물결, 전국 각지로 퍼지다

장석천은 서울로 올라오자마자 시위의 확산을 위해 여기저기 뛰어다녔어요. 처음에 서울의 학생이나 청년들은 거리 시위에 대해 아주 부정적이었어요. 격문을 돌리는 정도는 가능하겠지만, 거리 시위까지는 힘들지 않겠냐는 것이 그들 대부분의 생각이었죠. 그런데 장석천의 거듭된 설득에 서울의 학생·청년 활동가들도 점차 일제 경찰의 탄압에 대한 두려움을 떨쳐버리고 용기를 내게 됐어요. 조선 최대의 청년 단체인 '조선 청년 총동맹'의 활동가들이 속속 동참하고, 사회주의 비밀 단체로 각 학교 독서회를 지도하고 있던 '조선 학생 전위 동맹'도 함께하면서 서울의 시위는 계획 단계에서 벗어나 드디어 현실이 되고 있었던 거예요.

시위는 12월 5일 제2 고등 보통학교에서 시작됐어요. 그러자 기다렸다는 듯이 중동 학교와 제1 고등 보통학교 등 서울 시내 학교들이 잇따라 동맹 휴학에 들어갔죠. 그리고 12월 9일 서울 시내 학교의 학생들이 일제히 거리로 쏟아져 나왔어요. 대규모 연합 시위였어요. 시위에는 경신·보성·중앙·휘문 등 서울 시내 주요 학교들이 모두 참여했어요. 학생들은 '광주 학생 석방' '식민지 노예 교육 반대' 등의 구호를 외쳤고요.

이날 오후 서울 거리는 시위 학생들을 체포해서 끌고 가는 경찰차와 소방차의 행렬로 몹시 소란스러웠어요. 경찰은 하루 동안 1200명이 넘는 학생과 시민을 검거했어요. 그들의 탄압은 거셌어요. 3·1 운동 이래 최대의 거리 시위였으니까요. 하지만 학생들의 동맹 휴학과 시위 운동은 좀처럼 멈추지 않았죠. 결국 당국은 조기 방학으로 학교 문을 억지로 닫아, 겨우 사태를 진정시켰어요. 그것이 진짜 진정된 것이 아니라는 사실은 금방 드러났지만요.

학생들의 시위는 해를 넘어서도 계속됐어요. 1930년 1월 학교 문이 열리자마자, 신의주부터 부산까지 전국 대부분의 도시에서 학생 시위와 동맹 휴학이 일어났어요. 여성 운동 단체인 '근우회'는 허정숙과 박차정을 중심으로 해서, 조직적으로 여학교의 시위를 조직하기도 했고요. 그 결과 이화·숙명·경성·동덕·근화 등 대부분의 여학교 학생들이 시위와 동맹 휴학에 동참했어요.

시위의 물결은 전국 각지로 퍼져갔어요. 이제 학생들의 시위는 특별한 지도 세력이 없어도, 학생들 스스로 운동을 조직할 정도로 발전했어요. 학생들의 구호도 더욱 과감해졌어요. 학생들은 거침없이 '조선 독립 만세' '타도 일본 제국주의'를 외쳤죠. 광주에서 시작된 학생들의 시위는 그렇게 전국 각지를 거

쳐 중국 만주와 러시아 연해주 등 해외까지 퍼져나갔어요. 281
개 학교, 5만 4000여 명 이상의 학생들이 의연히 독립 만세 시
위에 함께했죠.

일제 당국은 시위 원인에 대한 어떤 적절한 조치도 없이 강
경한 대응만 계속했어요. 그들은 경찰의 강제력으로 학생들의
시위를 억누르기만 했죠. 시위가 잦아들자 언뜻 모든 문제가
해결된 것처럼 보였지만, 사실은 아무것도 해결되지 않았어요.
일제의 통치에 대한 불만은 언제든 폭발하게 되어 있었고, 그
것을 막으려면 전보다 더 많은 경찰과 군대가 필요했으니까요.

#광주 학생 항일 운동은 다시 한번 우리 민족의 강력한 독립
의지를 온 세상에 알렸어요. 또한 이 운동에 참여한 전국의 많
은 학생들은 새로운 독립운동 세대가 되어 이후의 독립운동을
책임지게 되었고요. 우리는 그렇게 끊임없이 일제의 통치에 대
항해 싸웠습니다.

청소년을 위한 해시태그 한국 독립운동사

1930년대 광주의 핫 플레이스,
'장재성 빵집'

'광주 학생 항일 운동' 하면 가장 먼저 떠오르는 인물은 장재성이에요. 성진회에 주도적으로 참가했을 뿐만 아니라, 독서회 중앙부를 지도하면서 광주에서 벌어진 두 차례의 시위를 지휘한 인물이기 때문이죠.

장재성은 광주 고등 보통학교를 졸업하고, 일본으로 건너가 주오 대학 예과에 입학했어요. 그런데 그는 1929년 6월 유학을 떠난 지 2년 만에 갑자기 광주로 돌아왔어요. 장재성이 유학을 포기한 것은 앞에서 살펴본 대로 본격적으로 사회주의 운동에 뛰어들기 위해서였죠. 그는 '독서회 중앙부'라는 비밀 단체를 만들어 학생 운동을 지도했어요. 그런데 그 무렵, 그는 갑자기 광주 시내 중심가에 호떡을 파는 빵집을 개업했어요. 도대체 그는 왜 시내 한복판에 뜬금없이 빵집을 열었을까요?

여기에는 두 가지 이유가 있었어요. 첫째는 소비조합 운동을 벌이기 위해서였어요. 소비조합이란 소비자들이 모여 공동으로 돈을 출자해 필요한 물건을 싸게 구매하고, 조합원들에게 물건을 저렴하게 공급하는 조합을 말해요. 장재성과 그의 동료들은 시내 중심가에 2층 목조 건물을 임대해 문구점과 빵 가게를 열고, 소비조합 운동을 펼치고자 했던 것이죠.

두 번째 목적은 경찰의 의심을 받지 않고, 학생과 청년들을 만날 수 있는 공간을 마련하기 위해서였어요. 예나 지금이나 빵집은 학생이나 젊은이들이 상대적으로 적은 비용으로 친구들을 만날 수 있는 공간이니까요. 문방구도 마찬가지고요.

그런데 장재성은 빵집 이름을 '장재성 빵집'으로 했어요. 독특하죠? 빵집의 이름에 자기 이름을 사용한 이유는 뭘까요? 물론 그 이유는 정확히 알 수 없어요. 하지만 어느 정도 추측은 가능하죠. 장재성은 고등 보통학교에 다닐 때부터 테니스나 야구 같은 운동을 잘해서, 그리 넓지 않은 광주의 지역 사회에서 나름 유명 인사였다고 해요. 문제는 그렇게 유명한 인사가 '독서회 중앙부' 같은 비밀스런 활동을 하기가 쉽지 않다는 점이었죠. 어쩌면 장재성은 '빵집 주인 장재성'으로 자신의 이미지를 고정하고 싶었는지도 몰라요. 그것이 경찰의 의심을 가장 적게 사는 방법이었을 테니까요.

장재성은 광주 학생 항일 운동으로 4년 동안 감옥에 갇혀야 했어요. 하지만 그것이 끝은 아니었죠. 감옥에서 풀려난 후 그는 중단했던 학업을 계속하기 위해 부인과 함께 일본 유학을 떠났어요. 거기서도 그는 독립운동을 계속했어요. 장재성은 1937년 다시 체포돼 1941년 4월에야 풀려날 수 있었어요. 그렇게 그는 자신의 싸움을 멈추지 않았어요.

5부

최후의 결전 1930~1945
모두가 하나 되어
만든 그날

이제 우리는 최후의 결전을 준비합니다. 중국인, 미국인, 영국인과 손잡고 온 힘을 다해 마지막 싸움에 임할 생각이에요. 해외의 무장 세력들은 하나로 힘을 모아 한반도로 들이칠 예정입니다. 그러면 국내의 모든 독립운동 세력이 동시다발적으로 무장봉기를 일으킬 겁니다. 승리는 보장되어 있습니다. 우리의 싸움은 정의를 위한 싸움이니까요.

이 싸움의 과정에서 이름 없이 죽어간 수많은 무명용사를 기억해주세요. 억울하게 희생된 수많은 민중의 목숨을 기억해주세요. 그리고 잊지 말아주세요. 이 나라가 얼마나 많은 피와 눈물로 세워졌는지 기억해주세요.

16

일본인이 되려던 그가
일왕에게 폭탄을 던진 이유 │이봉창 의거│

#이봉창 #한인_애국단 #신일본인 #일본_국왕 #1월_8일
#중국:_실패해서_유감 #일본:_뭐라고?

이봉창 1901~1932
한인 애국단 단원

"나는 적성으로서
조국의 독립과 자유를 회복하기
위하여 한인 애국단의 일원이 되어
적국의 수괴를 도륙하기로
맹세하나이다"

이봉창 선생의 폭탄 의거가 있기 전, 독립운동의 분위기는 많
이 침체되어 있었어요. 일본의 이간질로 중국과는 사이가 소원
해져 있었고 상하이 임시 정부도 예전만큼의 활기를 띠진 못했
죠. 하지만 이봉창 선생이 일본 국왕을 향해 던진 폭탄 하나가
새로운 바람을 불러일으킵니다. 어떤 일들이 있었는지 함
께 알아볼까요?

1931년 1월 초순의 어느 날 밤, 한 남자가 중국 상하이에 있는 대한민국 임시 정부를 찾아왔어요. 그는 원래 일본 오사카에 살다가 한 달 전 상하이로 옮겨왔죠. 수중에 돈이 떨어져가자 그는 직장을 구하고 나섰어요. 전차 회사에 취직하면 좋겠다고 생각했는데, 중국어를 할 줄 몰라 취업하기가 힘들었죠. 그런데 우연히 식당에서 만난 조선인 한 명이 프랑스 조계에 가면 조선인들도 많고, 임시 정부도 있으니 도움을 받을 수 있을 거라고 가르쳐줬어요. 그가 한밤중에 임시 정부를 찾아온 이유였죠.

문제는 그가 임시 정부 사람들에게 의심을 샀다는 점이었어요. 그는 조선인인지 일본인인지 헷갈릴 정도로 조선어와 일본어를 심하게 섞어 쓰고 있었고, 자신의 신분을 확인해줄 어떤 소개장이나 인맥도 없었거든요. 쫓아내려는 임시 정부 사람들과 버티려는 그의 목소리가 점점 커져갈 무렵, 우연히 그 모습을 김구가 보게 됐어요. 김구는 그와 몇 마디 나눈 후 사람을 시켜 여관을 잡아주게 했어요. 완전히 의심을 풀 정도는 아니지만, 좀더 지켜보고 싶은 마음이 들었던 거죠.

이것이 이들의 첫 만남이었어요. 훗날 세상을 깜짝 놀라게 할 김구와 '#한인 애국단' 제1호 단원의 만남이었죠.

'신일본인'으로 살겠다는 결심

조선인인지 일본인인지 구분도 안 되던 그 요상한 사람의 이름은 #이봉창이라고 했어요. 그는 서울 용산 출신으로 어렸을 때는 비교적 부유하게 살았지만, 아버지의 사업 실패와 문란한 사생활로 부유한 삶은 오래가지 않았죠. 그는 보통학교 졸업 후 곧바로 취업해서 돈을 벌어야 했어요. 열다섯 살에 들어간 이봉창의 첫 직장은 일본인이 경영하는 과자점이었어요. 다음 해 그는 약국의 점원으로 자리를 옮겼다가, 열아홉 살에 용산역 노동자로 취직했어요.

용산역에서의 생활은 전보다 월급도 많았고 안정적이었어요. 하지만 여기서 그는 처음으로 조선인과 일본인 사이의 차별이 얼마나 심한지 알게 됐어요. 그는 열심히 일했지만 승진할 수 없었어요. 단지 조선인이라는 이유 때문이었어요. 승진은 언제나 일본인들의 차지였어요. 이봉창보다 능력이 부족하고 성실하지 않아도, 단지 일본인이라는 이유로 앞질러갔죠. 월급도 훨씬 많이 받았고요.

이봉창은 점점 일할 의욕을 잃어갔어요. 술을 마시고 도박을 하고 여자를 가까이했죠. 그러다 보니 자연히 빚도 늘어갔어요. 결국 그는 용산역을 그만뒀어요. 퇴직금으로 빚을 청산하고, 앞으로 무얼 하고 살지 천천히 탐색했죠. 그는 일본으로 가기로 결심했어요. 일본에 가면 오히려 조선인이 차별받지 않는다고 누군가 알려줬거든요.

일 년 넘는 시간 동안 일본으로 갈 방법을 찾던 이봉창은 용산역에서 함께 일하던 한 일본인 동료의 도움으로 오사카에 가는 데 성공했어요. 1925년 11월의 어느 날이었죠. 하지만 일본에서의 생활은 들었던 것과 달리 더욱 큰 차별의 연속이었어요. 그는 어느 철도 회사에 취업하려고, 많은 돈을 들여 조선에서 어렵게 준비한 서류를 우편으로 받았어요. 그런데 그 회사는 그가 조선인이라는 사실만으로 취직을 시켜주지 않았어요. 알고 보니 일본에는 조선인의 취업 자리만 취급하는 직업소개소가 따로 있을 정도로, 조선인과 일본인의 일자리가 구별돼 있었어요.

1926년 2월 이봉창은 어렵게 오사카 가스 회사의 노동자로 취업했어요. 그런데 일본인 경리 직원이 자기들이 부르기 쉽게 일본식 이름을 하나 지으라고 했어요. 이봉창은 '기노시타 쇼조'라는 이름을 만들었고, 그때부터 그는 그 이름으로 불렸죠.

얼마 후 이봉창은 부두에서 막노동자로 일하게 됐어요. 그런데 그는 여기서 일을 할수록 일당이 낮아지는 희한한 경험을 겪게 돼요. 보통 일이 능숙해질수록 임금이 오르는 것이 보통인데, 거꾸로 된 경험을 한 거죠. 왜 그랬을까요? 이봉창을 채용한 책임자는 처음에 그가 일본인인 줄 알았던 거예요. 그래서 일본인에 해당하는 일당을 줬다가, 나중에 조선인이라는 사실을 알고는 금액을 낮췄던 겁니다. 그가 기노시타 쇼조라는 이름을 사용한 데다, 워낙 일본어를 능숙하게 잘하다 보니 착각했던 거죠. 이봉창은 다시 한번 차별을 경험하고 좌절했어요. 막노동을 하는데도 조선인과 일본인을 차별하는 현실이 도저히 믿기지 않았죠.

1928년 2월 이봉창은 한 조선인 친구의 도움을 받아 구리 제련 공장으로 자리를 옮겼어요. 다행히 여기서는 한 사람의 노동자로 인정받으면서 생활할 수 있었어요. 일상적인 차별은 여전했고 그럴 때마다 실망했지만, 그럭저럭 생활을 해나갈 수는 있었죠. 이봉창은 자신이 조선인이긴 하지만, 일본인과 똑같이 생각하고 말하는 '#신일본인'이라고 생각했어요. 그렇게 일본에서의 삶에 익숙해지려고 노력했죠. 만약 그해 11월 #일본 국왕의 즉위식을 보러가지 않았다면, 그는 계속해서 그렇게 살았을지도 몰라요. 하지만 그의 인생은 그렇게 굴러가지 않았어요.

다시 '조선인 이봉창'이 되다

1928년 11월 이봉창은 함께 일하는 친구 두 명과 함께 국왕의 즉위식을 보러 갔어요. 며칠 일을 쉬기로 하고 기차표를 사서

청소년을 위한 해시태그 한국 독립운동사

즉위식 행사가 있는 교토로 향했죠. 그는 조선인으로 태어나서 고종 황제의 얼굴도 보지 못하고, 신일본인이 되어 일본 국왕의 얼굴도 보지 못한 것이 부끄럽다고 생각했어요. 그래서 친구들과 함께 즉위식을 보러 갔던 거예요.

이봉창은 11월 6일 교토에 도착한 뒤 숙박비를 아끼기 위해 길거리에서 밤을 지새우고, 다음 날 아침 일찌감치 행사장에 자리를 잡았어요. 경찰들은 행사장의 안전을 위해 그곳에 모인 사람들을 일일이 조사했어요. 이봉창도 친구들과 함께 몸수색을 받았죠. 그런데 친구들은 무사히 통과했지만 그는 그렇지 못했어요. 품속에 갖고 있던 한글로 된 편지가 문제였어요.

경찰은 잠시 조사할 것이 있으니 함께 경찰서로 가자고 했죠. 이후 그는 유치장에 9일 동안이나 갇혀 있어야 했어요. 일제 경찰은 편지에 뭐라고 쓰여 있는지 알 수 없자, 그를 무작정 유치장에 가둬놨던 거예요. 이봉창은 크게 분노했어요. 일본 국왕의 얼굴을 보기 위해 하루 벌어 하루 사는 노동자의 신분임에도 일부러 일을 쉬고 자기 돈까지 써가며 구경을 왔건만, 아무런 죄도 없이 단지 조선인이라는 이유로 유치장에 갇혔으니까요. 더구나 아무 죄 없이 감금됐다가 돌아온 자신을 마치 죄인 보듯 하는 주변의 시선도 괴로운 일이었어요. 그는 새삼 자신이 조선인이라는 사실을 깨달았어요. 그리고 조선인으로 태어난 자신의 운명을 저주했죠.

이제 이봉창은 완전한 일본인으로 살아가기로 했어요. 그는 조선인이라는 사실을 완전히 숨기고, 어느 비누 도매상점에 취직했어요. 오사카에서 맺었던 조선인들과의 교류도 완전히 끊었고, 함께 일본으로 건너와 식모로 일하던 조카와도 연락을 끊었죠. 하지만 그는 가게에서 조선인들을 만날 때마다 괴로웠어요. 일본어를 못해 곤란을 겪는 동포들을 볼 때마다, 나서서 도와주지 못하는 자신이 부끄러웠죠. 조선인이 일본인으로 살아간다는 것은 결코 쉬운 일이 아니었어요. 한없이 자기 자신을 속여야 했기 때문이에요. 그는 본명으로도, 조선인으로도 당당히 살 수 있는 세상을 바랐어요. 하지만 현실은 전혀 그렇지가 않았어요.

국왕 즉위식 사건 이후 이봉창의 생활은 조금씩 무너져갔어요. 결국 그는 1929년 9월, 자포자기하는 심정으로 수금한 돈을 가지고 도쿄로 도망쳤어요. 도쿄에 가면 좀더 나은 생활을 할 수 있지 않을까 하는 막연한 생각에서였죠. 하지만 제대로 된 직장을 구하지 못한 관계로, 도쿄에서의 생활은 점점 더 최악의 상황으로 빠져들었어요. 그는 여기저기 일자리를 옮겨 다니다 겨우 들어간 직장에서도 제대로 적응하지 못했고, 결국 다시 수금한 돈을 들고 오사카로 도망쳤어요.

이봉창은 더 이상 일본인으로 사는 것을 포기했어요. 그렇게 그는 다시 '조선인 이봉창'이 됐어요. 일본에서 조선인으로 산다는 것은 일상적인 차별과 멸시를 견뎌야 함을 의미했죠. 그는 조선인으로 살아도 한 사람으로 제대로 인정받고, 당당히 살 수 있는 삶을 원했어요. 그 무렵 누군가 상하이에 가면 임시 정부가 있어 여러 가지로 조선인들을 돌봐준다는 이야기를 해줬어요. 또 영국의 전차 회사에서는 조선인들을 우대해준다고도 했죠. 이에 이봉창은 미련 없이 일본에서의 삶을 접고 중국 상하이로 향했어요. 그리고 그곳에서 김구를 만나게 된 거예요.

"영원한 쾌락을 위해 목숨을 바치겠습니다"

어느 날 이봉창은 술과 국수를 사서 임시 정부 사무실을 방문했어요. 임시 정부 직원들과 친해지기 위해 손수 마련한 자리였죠. 분위기가 무르익고 술이 오르자 이봉창은 큰 소리로 물었어요. '일본의 국왕을 죽이는 것은 참으로 쉬운 일인데 독립 운동가들은 왜 그것을 실행하지 않냐'고요. 임시 정부 직원들은 어이없어하며 대답했어요. '그렇게 쉬우면 아직까지 왜 못 죽였겠느냐'고요. 그러자 이봉창이 말했어요. '예전에 국왕이 내 앞을 지나갈 때 만약 내게 총이나 폭탄이 있다면 어찌할까 하는 생각을 한 적이 있다'고요.

그날 이봉창이 한 말을 김구가 우연히 들었어요. 술김에 한 말이긴 하지만, 결코 가벼이 흘려들을 수 없었죠. 그해 3월 김구는 임시 정부를 찾아온 이봉창과 진지한 대화를 나눴어요. 대화 중에 이봉창은 말했어요. '조선인으로서 나라를 되찾는데 조금이라도 보탬이 되는 일을 하고 싶다'고요. '폭탄이든 무엇이든 적당한 무기만 손에 들어오면, 일본으로 건너가 사건을 일으키고 싶다'고 말이죠. 그는 계속해서 말했어요.

"인생의 목적이 쾌락이라면, 지난 서른한 해 동안 육신의 쾌락은 대강 맛보았습니다. 이제는 영원한 쾌락을 위해 독립 사업에 목숨을 바치고 싶습니다."

비로소 김구는 이봉창의 진심을 알게 됐어요. 두 사람은 함께 세상을 놀라게 할 만한 일을 벌이기로 다짐했죠. 그것은 바로 일본 국왕에게 폭탄을 던져 그를 암살하는 것이었어요. 이봉창은 폭탄과 자금이 마련될 때까지, 일본인들이 많이 사는 지역에서 일본인인 척하고 살면서 때가 오기를 기다렸어요. 그런데 1931년 9월 일제는 만주 사변을 일으켰어요. 이로 인해 중국인들의 반일 감정이 급격히 올라갔죠. 김구는 이 기회를 이용해 '테러' 공작을 담당할 특별한 단체를 조직했어요. 이를 통해 '국민대표 회의'의 분열 이후 급격히 약화된 임시 정부의 힘을 회복할 생각이었죠. 이 단체가 바로 한인 애국단이었어요. 그리고 이봉창이 한인 애국단의 제1호 단원이 됐지요.

두 개의 폭탄

폭탄은 모두 두 개를 구했어요. 일본 국왕에게 던질 폭탄과 이봉창이 자살용으로 사용할 폭탄이었어요. 하나는 독립운동가 김홍일을 통해 구했어요. 그는 중국군 무기를 관리하는 '상하이 병공창(병기 공장)'에서 일하고 있었거든요. 김홍일은 중국군 무기 공장 책임자와 접촉해 '마미 수류탄'이라는 폭탄을 구해 왔어요. 이 폭탄은 위력은 조금 떨어지지만, 휴대하기 좋고 멀리 던지기 쉬우며 불발탄이 거의 없다는 점이 장점이었죠. 다른 하나는 같은 종류의 폭탄으로 허난성의 류치라는 중국인 장군에게 구했어요.

다음으로 할 일은 거사에 필요한 자금을 모으는 것이었어요. 당시는 임시 정부를 유지할 자금을 마련하기도 어려운 상황이었어요. 그러니 거사 자금을 확보하기는 훨씬 더 힘들 수밖에요. 김구가 할 수 있었던 일은 무작정 미국의 동포들에게 지원을 부탁하는 편지를 쓰는 것밖에 없었다고 해요. 무모한 일이었죠. 주소도 이름도 알지 못하는 동포들에게 편지를 보내는 것이었으니까요.

하지만 정성이 지극하면 하늘에도 그 뜻이 닿는 걸까요? 김구의 편지를 읽고 답장을 보내온 사람들이 있었어요. 그들은 임시 정부가 하고 싶은 사업이 있다면, 무엇이든 적극 지원하겠다고 알려왔죠. 1931년 11월 그들은 하와이에서 일하는 한 인들에게 한 푼 두 푼 돈을 모아 1000달러라는 큰돈을 보내왔어요. 김구와 한인 애국단의 뒤에는 이 모든 사람들의 땀과 노력이 들어 있었던 거예요.

1월 8일, 운명의 날이 밝다

김구는 이봉창을 일본에 보낼 준비를 모두 마쳤어요. 12월 13일 그는 이봉창을 불러 300달러를 주면서, 일본에 갈 준비를 하라고 했죠. 이봉창은 김구를 비롯한 임시 정부 인사들이 굶기를 밥 먹듯 한다는 것을 빤히 알고 있는 상황에서 그렇게 큰돈을 받자 깜짝 놀랐어요. 자기가 그 돈을 갖고 도망이라도 가면 어쩌려고 이러나 싶었던 거죠. 그는 김구가 진심으로 자기를 믿어주고 있다는 사실에 크게 감동했어요.

그날 밤 김구는 이봉창을 동지 안공근의 집에 데려가 사진을 찍었어요. 이봉창은 가슴에는 거사를 다짐하는 선언문을 붙이고, 두 손에는 수류탄을 든 채 태극기가 걸린 벽 앞에 섰죠. 그런데 이날 사진을 찍은 사람은 카메라에 익숙하지 않았던 모양이에요. 조명이 부족해 사진이 너무 어둡게 나온 데다가, 적절한 셔터 속도를 확보하지 못해 사진이 많이 흔들렸거든요. 아마도 이 모든 것이 처음 하는 일이어서 생긴 문제였겠죠. 이봉창은 사진을 보고 다시 찍자고 했지만, 김구는 만류했어요. 다시 찍는다고 잘 나오게 할 자신이 없었던 것 같아요. 하지만 김구는 두고두고 이것이 마음에 걸렸나봐요. 이봉창이 떠나는 날 김구는 그를 중국인이 운영하는 사진관에 데리고 갔어요. 그곳에선 선언문을 붙일 수도, 폭탄을 들 수도 없었죠. 하지만 이봉창은 세상에서 가장 환한 웃음으로 사진을 찍었어요. 세상에서 가장 행복한 사람의 얼굴이었죠.

12월 17일 이봉창은 상하이에서 사귄 많은 일본인 친구들과 여성들의 배웅을 받으며 배를 탔어요. 그중에는 상하이 주재 일본 총영사관에 근무하는 일본 경찰 간부도 있었어요. 그 경찰 간부는 이봉창이 입국할 때 편하도록 믿을 만한 사람임을 증명하는 소개장을 써주었다가, 나중에 징계를 받고 자살했다고 알려져 있어요.

상하이를 떠난 이봉창은 12월 19일 일본 고베항에 도착했어요. 그는 여관에 묵으면서 거사를 준비했어요. 얼마 후 그는 신문을 통해 일본 국왕이 1932년 #1월 8일 육군의 새해 첫 사열식에 참가한다는 사실을 알았어요. 그는 이날을 거사일로 정하고 김구에게 전보를 보냈어요. 상품은 1월 8일에 꼭 팔릴 테니 안심하라고 쓴 전보였어요. 반드시 1월 8일에 거사를 하겠다는 의미였죠.

이봉창은 며칠 동안 현장을 답사하며 적합한 장소를 찾아다

넓어요. 하지만 그것은 쉬운 일이 아니었어요. 군대 사열식이 벌어지는 운동장은 너무 넓어, 국왕에게 가까이 가는 것 자체가 불가능해 보였죠. 게다가 사열식이 있는 날 국왕의 이동 경로는 전혀 알 수가 없었고요. 어쩔 수 없이 그는 운에 자신을 맡기기로 했죠.

1월 8일 운명의 날이 밝았어요. 이봉창은 아침 일찍 폭탄을 넣은 보자기를 들고 길을 나섰어요. 그는 사람들에게 물어물어 국왕이 이동하는 경로를 쫓았어요. 그는 겨우겨우 택시를 타고 국왕이 지나간다는 경시청 앞에 도착할 수 있었어요. 그곳엔 경찰이 엄중히 검문을 하고 있었지만, 다행히 그는 무사히 통과할 수 있었어요. 며칠 전 우연히 얻은 한 일제 헌병의 명함이 큰 도움이 됐죠. 이봉창은 사람들 속에 섞여 국왕이 지나가기를 기다렸어요. 얼마 후 드디어 국왕이 탄 것으로 보이는 마차가 눈앞에 나타났어요. 이봉창은 그 마차를 향해 힘껏 폭탄을 던졌어요.

이봉창에서 윤봉길로 이어진 폭탄 의거

격렬한 폭발음이 현장을 뒤흔들었어요. 순식간에 경시청 앞은 혼란스러워졌죠. 하지만 이봉창의 폭탄은 일본 국왕을 죽이지 못했어요. 그는 국왕이 탄 마차가 어떤 것인지 정확히 알지 못했고, 폭탄의 위력도 그리 세지 않았기 때문이죠. 이봉창은 현장에서 붙잡혔어요. 경찰들이 다른 사람을 체포하려고 하자, 아무 죄 없는 사람이 끌려가게 둘 수 없었던 그는 자기가 했다고 나섰죠.

이봉창은 1932년 9월 30일 사형을 선고받았고, 10월 10일 사형이 집행됐어요. 그는 그렇게 이 세상을 영원히 떠났어요. 이봉창의 거사는 성공하지 못했지만, 그가 역사에 남긴 흔적은 결코 적지 않았어요. 이봉창의 거사 이후 중국의 일부 언론들은 이봉창이 일본 국왕을 '불행히' 죽이지 못했다고 보도해 일본인들의 분노를 샀어요. 중국 언론이 이봉창을 '지사'라고 부르면서, 대놓고 조선인들에게 우호적인 보도를 했기 때문이에요.

일제는 이것을 빌미로 군대를 동원해 상하이를 침략했어요. 그리고 그 승리를 기념하는 식을 홍커우 공원에서 거행하려고 했죠. 김구는 이 기회를 놓치지 않았어요. 한인 애국단의 또 다른 단원 윤봉길은 일본인들의 기념식장에 폭탄을 던졌어요. 그리고 일본 육군 대장을 비롯하여 여러 고위 관리를 처단해, 일본의 자존심에 다시 한번 큰 상처를 안겼죠.

이봉창은 윤봉길의 의거에 사용된 폭탄의 위력을 높이는 데 큰 역할을 했어요. 이봉창의 의거 때 폭탄을 제공했던 중국 무기 공장의 책임자가 윤봉길에게는 훨씬 더 강력한 폭탄을 주었기 때문이죠. 그는 자신이 준 폭탄의 위력이 크지 않아 이봉창의 거사가 실패했다고 생각한 거예요.

 이렇듯 이봉창은 한 시대의 역사를 크게 뒤흔들어놓았어요. 그리고 우리의 역사 속에서 영원히 살게 됐죠. 그는 자신이 남긴 활짝 웃는 사진처럼, 영원한 즐거움으로 사는 독립투사로 영원히 기억될 거예요.

#17

3만 명의 병력이 600명이 될 때까지, 처절한 저항 | 만주의 항일 무장 세력들 |

#무명용사 #만주_사변 #조선_혁명군 #사회주의자
#동북_항일_연군 #수많은_병사들의_희생

무명용사들

"재만 한인의 진실한 자치를
목표로 하여 싸우자!"

국내외에 있던 독립운동가들이 그랬듯, 만주에
살던 민족주의자들과 사회주의자들도 끊임없이
독립투쟁을 벌였습니다. 하지만 역
시나 일본의 눈을 피해갈 수 없었
죠. 일본은 대대적인 토벌 작전을
벌이기 시작했어요. 엎친 데 덮
친 격으로 겨울의 한파도 몰려
왔고요. 이들이 이런 고난을 어
떻게 견디고 이겨냈는지 함께
살펴볼까요?

1931년 9월 18일 일제는 대규모 병력을 동원해 '#만주 사변'을 일으켰어요. 일본군 가운데 가장 막강한 힘을 가지고 있다던 관동군이 앞장서고, 조선에 주둔하던 조선군이 그 뒤를 받쳐 중국 만주를 침략한 전쟁이었죠. 일제는 전쟁 개시 4개월 만에 중국 동북 지역의 랴오닝성, 지린성, 헤이룽장성 등 세 개성의 대부분을 장악했어요. 일본 본토의 세 배에 달하는 광범위한 땅이었죠. 다음 해 3월 일제는 이 땅에 '만주국'이라는 나라를 세웠어요. 겉으로는 제대로 된 독립국처럼 꾸몄지만, 실제로는 일제가 모든 권력을 행사하는 꼭두각시 국가였죠.

만주가 일제의 손아귀에 들어가면서, 이곳에 거주하는 한인들을 바탕으로 활동하던 독립운동가들은 예전과 같은 활동을 펼치기가 굉장히 힘들어졌어요. 일제가 여러 차례에 걸쳐 직접 군대를 파견해 독립군을 토벌하는가 하면, 한인 마을에 친일파를 이주시키고 밀정을 심어 한인 사회를 분열시켰거든요.

하지만 극도의 어려움 속에서도 싸움을 지속한 사람들이 있었어요. 양세봉 장군이 이끄는 '#조선 혁명군'과 지청천 장군이 이끄는 '한국 독립군'이 그들이었죠. 둘 다 민족주의자들이 만든 부대로, 만주 사변 이후 각지에서 중국인 항일 부대들이 만들어지자 그들과 함께 힘을 합쳐 일본군에 맞섰어요. 특히 조선 혁명군은 중국 의용군과 연합하여, 200여 차례의 크고 작은 전투를 벌일 정도로 맹렬히 싸웠죠. 그러자 일본군은 밀정까지 동원해서 함정을 파고, 양세봉 장군을 유인해 암살했어요. 조선 혁명군은 그가 순국한 후에도 열심히 싸웠지만, 일본군의 거듭된 토벌 작전에 점차 세력이 약화돼갔어요. 결국 1938년 9월 조선 혁명군의 마지막 사령관 김활석이 일본군에 체포되면서 그들의 싸움은 끝나고 말았죠.

일제가 심어둔 밀정이 불러온 비극 '민생단 사건'

만주에서 일제에 맞서 싸운 사람들은 이들만이 아니었어요. 민족주의자뿐만 아니라 #사회주의자들도 있었거든요. 조선에서 활동하다 일제 경찰의 체포를 피해 망명한 사회주의자들이나, 만주에서 태어나 주변의 영향으로 자연스럽게 사회주의 사상을 갖게 된 사람들이었죠.

그런데 한인 사회주의자들에게는 문제가 하나 있었어요. 오랫동안 일제 경찰의 감시와 탄압 속에 활동하다 보니, 자기 조직에 속하지 않은 사람은 쉽사리 믿을 수 없었던 거죠. 일제 경찰이 풀어놓은 밀정도 많았고 배신자도 많았으니까요. 그래서 한인 사회주의자들은 조직과 조직 사이에 갈등이 심했고, 하나

로 힘을 모으기가 좀처럼 힘들었죠. 한인 사회주의자들의 분열
과 갈등이 계속되자, 결국 세계 공산주의 운동을 지휘하는 국제
공산당 코민테른에서 명령이 떨어졌어요. 중국에서 활동하는
한인 사회주의자들에게 모든 조직을 해산하고, 중국 공산당에
가입하라고 한 것이죠. 한인들은 어쩔 수 없이 그 명령에 따라
야 했어요. 이제 만주의 한인 사회주의자들은 중국 혁명을 위해
일하면서, 동시에 조선의 독립과 혁명을 위해 싸워야 했죠.

   일제의 만주 침략 이후 만주의 중국 공산당은 곳곳에 항일
유격대를 조직했어요. 한인 사회주의자들도 항일 유격대에 들
어가 치열하게 일본군과 싸웠죠. 그런데 그 과정에서 문제가
발생했어요. 일제가 항일 유격대 안에 '민생단'이라는 간첩 조
직을 침투시킨 사실이 밝혀진 거예요. 문제는 민생단이 대부분
항일 유격대 안의 한인들을 포섭해 만들어졌다는 점이었어요.
중국인 사회주의자들은 더 이상 한인 사회주의자들을 믿을 수
없게 됐죠. 한번 신뢰가 깨지자 사태는 점점 걷잡을 수 없는 방
향으로 흘러갔어요

   만주의 중국 공산당은 항일 유격대 안의 간첩 조직인 '민생
단' 색출에 나섰어요. 조금이라도 의심스러운 사람은 체포해
구타와 고문을 가했죠. 이를 멈추게 하기 위해선 스스로 민생
단원이라고 자백해야 했고, 죄 없는 주변 사람들을 민생단원
이라고 고발해야 했어요. 그 과정에서 무수히 많은 민생단원이

만들어졌어요. 한인들은 쌀을 조금만 땅에 흘려도 민생단원으로 지목됐어요. 일제에 유리하도록 일부러 쌀을 땅에 쏟았다는 논리였어요. 민생단원의 숙청은 좀처럼 끝나지 않았어요. 숙청할수록 더 많은 민생단원이 만들어졌으니까요. 혹시 마녀사냥이라는 말을 들어봤나요? 중세 유럽에서 많은 여성들이 마녀로 지목되어 억울하게 죽음을 당한 일을 말해요. 민생단 숙청은 '중국판 마녀사냥'이었어요. 민생단이라고 지목당하면 지은 죄도 없이 억울하게 죽음을 당해야 했죠.

민생단 숙청 작업은 1936년 2월에야 끝났어요. 한인과 중국인이 연합하여 새로운 군대를 조직하고, 일본과 만주국에 대항해 공동으로 싸우라는 코민테른의 결정이 전해진 다음이었어요. 3년이 넘는 기간 동안 최소 500명에서 최대 1000명에 이르는 한인 희생자가 발생한 후였죠. 이렇게 최소와 최대의 차이가 큰 이유는 민생단 사건으로 죽은 사람이 얼마나 되는지 정확히 모르기 때문이에요.

한중 연합 부대 '동북 항일 연군'

1936년 3월 한인과 중국인 사회주의자들은 코민테른의 지시대로 기존의 군대를 개편해 새로운 군대를 조직했어요. 이름은 '#동북 항일 연군'으로 정해졌어요. 항일 투쟁에 나서는 모든 계급의 연합 부대이자, 일제에 침략당한 모든 민족들의 연합 부대라는 뜻이었죠. 특히 제2군에는 일찌감치 두각을 나타낸 한인 지도자가 한 명 있었어요. 바로 후일 북한의 최고 지도자가 되는 김일성이었죠.

김일성은 3사의 사장이 되었어요. 우리식으로 이야기하면 3사단의 사단장이라고 할 수 있는데, 우리의 사단보다는 병력의 규모가 훨씬 작았죠. 제2군의 전체 병력이 2000명에 불과했으니까요. 김일성이 지휘를 맡은 3사의 병력은 민생단 혐의를 받고 갇혔다가, 가까스로 풀려난 100여 명을 중심으로 구성돼 있었어요. 죽다 살아난 이들이 이후 얼마나 열심히 전투를 했을지는 상상하기 어렵지 않죠. 김일성의 부대가 제2군 내에서 가장 강력한 부대가 되고, 김일성이 제2군 내에서 가장 앞서가는 한인 지도자가 된 것은 바로 이 때문이었어요. 이 부대는 얼마 후 제1군 6사로 개편이 돼요.

1936년 5월 김일성 등 동북 항일 연군의 한인 사회주의자들은 '조국 광복회'라는 비밀 조직을 만들었어요. 일제와의 싸움을 위해 항일 세력을 하나로 모으기 위해서였죠. 흔히 사회주의자들은 이런 단체를 민족 통일 전선 단체라고 부르죠. 조국 광복회에는 사회주의자들뿐만 아니라 천도교인 같은 민족주의자들도 함께했어요. 이들은 백두산 주변 곳곳에 비밀 기지를 만든 다음, 이를 바탕으로 조국 광복회의 국내 조직 건설을 추진했어요. 그 결과 함경도 북부와 평안북도 북부에 조국 광복회 국내 조직이 만들어졌어요. 흥남과 함흥, 원산과 신의주까지 광범한 조직망을 갖추는 데도 성공했죠. 이제 이들은 좀더 과감한 투쟁을 벌이기로 결정했어요. 국내 진공 작전을 벌여 일제의 식민 통치를 공격하는 동시에, 전 민중을 깨워 항일 투쟁에 나서게 하자는 생각이었죠.

보천보를 습격하라

1937년 5월 말 최현 등이 이끄는 4사가 함경북도 무산을 공격하여 일본군의 관심을 모으는 사이, 6월 4일 밤 12시 김일성의 6사가 뗏목을 타고 압록강을 건넜어요. 그들의 목표는 함경남도 갑산군에 있는 보천보라는 조그만 마을을 습격하는 것이었어요. 그들은 거의 하루 동안 밀림 속에 숨어 있다가 밤 10시에 공격을 시작했어요. 먼저 전화선을 절단한 후 주재소를 습격하고, 총기고에서 각종 무기와 탄약 수백 발을 빼앗았죠. 동시에 면사무소와 우편소 등 주요 관공서도 파괴했고요.

　보천보는 순식간에 불길에 휩싸이며 아수라장이 됐어요. 공격을 끝낸 김일성 부대는 밤 11시 조국 광복회를 선전하는 전단을 뿌리고 국경선을 넘어 퇴각했어요. 일본군과 경찰은 즉각 토벌대를 꾸려 김일성 부대를 추격했어요. 하지만 김일성 부대는 추격해온 일제의 토벌대를 공격해 큰 피해를 입혔죠. 일본 군은 함흥 제74연대를 출동시켜 다시 한번 김일성 부대를 추격했어요. 하지만 이번에도 김일성 부대는 동북 항일 연군의 다른 부대와 함께 밀림에 숨어서 기다리고 있다가 기습해 토벌대에 큰 피해를 입혔어요.

보천보 전투는 동북 항일 연군의 완벽한 승리로 끝났어요. 보천보는 주재소 경찰 병력이 다섯 명밖에 되지 않는 작은 면 소재지에 불과했어요. 하지만 배후에 혜산진이라는 교통 중심지가 있어, 항일 부대의 소식이 순식간에 전국으로 전파됐어요. 최소의 노력으로 최대의 효과를 얻었던 거죠. 조선인들은 겉으로 대놓고 좋아할 수는 없었지만 이 소식을 크게 반겼어요. 그 결과 김일성의 이름이 전국에 널리 알려졌어요. 해방 후 김일성이 열 손가락 안에 드는 지도자로 꼽힐 수 있었던 이유는 바로 보천보 전투가 있었기 때문이에요.

조국 광복회의 붕괴

1937년 7월 7일 일본은 중일 전쟁을 일으켰어요. 일본의 욕심이 만주에 그치지 않고, 중국 전역으로 확대된 거예요. 중일 전쟁은 한인들에게 두 가지 생각을 불러일으켰어요. 어떤 사람은 일본의 힘에 압도돼 독립을 불가능한 일로 생각하게 됐고요.

어떤 사람들은 일본이 거대한 영토와 인구를 가진 중국에 나라의 힘을 모두 소비해, 결국 패망할 거라고 생각하게 됐죠.

김일성과 동북 항일 연군은 중일 전쟁이 일본의 패망과 민족 해방(독립)을 앞당길 좋은 기회라고 생각했어요. 이들은 결정적인 시기가 오면 봉기를 일으킬 수 있도록 사람들을 훈련시켰어요. 그러나 이것은 성급한 행동이었어요. 일제는 보천보 전투에 대한 수사에 온 힘을 기울이며, 동북 항일 연군에 대한 토벌을 강화할 생각이었거든요.

일제 경찰은 보천보 전투 당시 길 안내를 맡았던 조국 광복회 회원을 찾아냈어요. 그가 체포되면서 대규모 검거가 이어졌죠. 두 차례에 걸친 검거 사태로 검거자는 총 739명에 달했고, 그중 188명이 기소됐어요. 이로 인해 조국 광복회는 거의 모든 조직이 무너져내릴 정도로 치명적인 피해를 입었고, 결국 붕괴하고 말았어요. 조국 광복회의 지도자 박달이 이때를 적기라고 잘못 판단하고, 무장봉기를 시도한 것이 조국 광복회를 회복할 수 없는 상황으로 몰고 간 이유였어요. 박달의 오판은 중일 전쟁을 결정적 기회로 판단한 김일성 등 동북 항일 연군 지도자들의 잘못된 인식에서 비롯한 것이었고요.

겨울과 함께 찾아온 위기

조국 광복회의 붕괴 이후 일본군의 토벌 작전은 날이 갈수록 심해졌어요. 작전은 주로 겨울에 벌어졌는데 나뭇잎이 모두 떨어지는 겨울에는 숨을 곳도 별로 없고, 눈이 쌓이면 눈 위에 발자국이 남아 추격하기가 쉬웠기 때문이죠. 동북 항일 연군은 부대를 소규모로 나눠 일본군의 추격을 피했어요. 하지만 점점 어려움에 빠져들었죠. 김일성 부대에도 1938년의 겨울은 시련의 연속이었어요. 영하 40도를 넘나드는 극심한 추위와 굶주림 속에서 100여 일이 넘도록 일본군 토벌대와 싸우며, 그들의 추격을 따돌려야 했으니까요. 김일성은 후일 이것을 '고난의 행군'이라고 불렀어요.

일본군은 여기서 멈추지 않고, 1939년 10월부터 1941년 3월까지 7만 5000명의 병력을 동원해 유례없이 긴 토벌 작전을 시행했어요. 그야말로 동북 항일 연군을 완전히 없애버리기 위한 작전이었죠. 일본군은 동북 항일 연군의 주요 지도자들에게 거액의 현상금을 내걸었어요. 또 곳곳에 쌀밥과 술, 고기를 놓아 동북 항일 연군의 병사들을 유혹하기도 했고요. 이들이 제대로 먹지도 못하고, 풀뿌리와 나무껍질 같은 것을 뜯어 먹으며 버티는 사정을 이용한 것이었어요.

동북 항일 연군은 점점 벼랑 끝으로 내몰렸어요. 추위와 굶

주림에 지쳐 일본군에 투항하는 병사들이 속출했죠. 김일성 부대도 김일성 아래의 참모장이 투항하면서 심각한 위기에 처했어요. 일본군이 그 참모장을 앞세워 길잡이로 삼고 부대를 추격했거든요. 김일성 부대는 쫓기는 중에도 1940년 3월 추격해온 부대를 전멸시켜 대승을 거둬요. 하지만 전체적인 분위기를 뒤집지는 못했어요. 동북 항일 연군은 그렇게 전멸의 위기 속에 빠져들었어요.

간절한 열망이 빚어낸 성과

1940년 3월, 동북 항일 연군은 중요한 결정을 내렸어요. 적당한 시기에 소련 영토로 이동해, 남은 병력이라도 지키기로 한 거예요. 그리고 1940년 겨울, 김일성은 부대원 12명과 함께 국경을 넘어 소련으로 들어갔어요. 동북 항일 연군의 다른 부대들도 이 무렵 모두 소련 영토로 이동했어요. 병력은 크게 줄어 있었어요. 1938년 3만 명에 이르던 병력은 겨우 600명밖에 남지 않았죠. 일본군의 토벌 작전이 얼마나 가혹했는지를 알 수 있어요.

동북 항일 연군은 이제 소련군 아래의 한 부대로 재편되었어요. 소련 영토에 들어서는 순간, 소련의 영향에서 자유로울 수 없었던 거죠. 김일성도 소련군의 간부 교육을 거쳐 소련군 장교가 됐어요. 이 과정에서 그는 중국 공산당, 소련 공산당 인사들과 직접적인 인맥을 쌓은 몇 안 되는 사회주의자가 됐어요. 이것은 두고두고 그에게 큰 힘이 됐죠.

동북 항일 연군의 투쟁은 이렇게 끝났어요. 그들의 빛나는 전과엔 한국과 중국의 수많은 #이름 없는 병사들의 희생이 포함되어 있어요. 그것은 한국의 독립과 혁명에 대한 간절한 열망으로 만들어진 성과였어요.

#18

최후의 결전! 가능한 모든 힘을 결집하라!

| 충칭 임시 정부와 조선 건국 동맹, 조선 독립 동맹 |

#여운형 #태평양_전쟁 #조선_건국_동맹 #충칭_임시_정부
#조선_독립_동맹 #아쉬움을_감출_수_없어

여운형 1886~1947

조선 건국 동맹 위원장

"조선의 독립운동은 세계의 대세요,
 신의 뜻이요, 한민족의 각성이다"

여기, 일본의 패망이 얼마 남지 않았다는 확신을 가진
사람이 있습니다. 그는 일본이 쇠할 때를 노려 결정적인
공격을 할 계획을 치밀하게 세웠어요. 우리의 힘으로 독립
을 쟁취할 때를 노린 거죠. 그가 만든 계획은 어떤 것이
었을까요? 그 계획은 성공했을까요?

1942년 4월 18일 낮 12시, 일본의 수도 도쿄에 미국의 폭격기 10여 대가 나타나 도시를 폭격하기 시작했어요. 평화롭던 도시는 금세 전쟁터로 변했어요. 시내 곳곳이 불타고 사람들은 혼란에 빠졌죠. 비상을 알리는 사이렌 소리와 함께 일본군의 대공포 사격이 시작됐어요. 일본군 전투기도 날아올라 미국의 폭격기를 뒤쫓았고요. 하지만 미국의 폭격기들은 일본군의 추격을 유유히 따돌리고 서쪽 하늘로 사라졌어요.

　이날 미국의 공습은 아무도 예상하지 못한 것이었어요. 어느 누구도 일본의 수도가 이런 식으로 공격받으리라고는 생각지 못했죠. 미국의 폭격기들은 이날 요코하마와 나고야, 오사카와 고베 등에도 똑같이 나타나 공격을 하고 사라졌어요. 하지만 일본의 방어망은 어느 곳에서도 그들의 공격을 제대로 막지 못했죠. 일본의 전투기는 미국의 폭격기를 제대로 따라가지도 못했고요. 공습을 목격한 일본인들은 충격에 빠졌어요. 그리고 자기 군대의 능력을 의심하기 시작했죠. 만주 사변 이래 10년을 넘게 끌어온 전쟁에 대한 믿음이 무너져내리는 순간이었어요.

　공습이 있기 5개월 전인 1941년 12월, 일본은 미국 진주만을 기습하며 #태평양 전쟁을 일으켰어요. 1937년 중일 전쟁을

청소년을 위한 해시태그 한국 독립운동사

일으킨 이후 다시 한번 전쟁을 크게 확대한 것이었죠. 태평양 전쟁으로 일본은 제2차 세계 대전의 한복판으로 뛰어들게 됐어요. 일본은 독일·이탈리아와 손잡고 미국·영국이 중심이 된 연합군을 공격했죠. 처음에 일본군은 패배를 모르는 듯 거의 모든 전투에서 승리했어요. 그러던 일본이 미국의 폭격기 10여 대에 주요 도시들을 모두 내어줄 정도로 심각한 허점을 드러내게 된 거예요. 정말 말도 안 되는 일이었죠.

이날 도쿄 공습을 심상치 않은 표정으로 지켜본 사람이 한 명 있었어요. 겉으로 드러내진 않았지만 그의 마음은 공포와 불안이 아니라, 기쁨과 환희로 가득 차 있었죠. 그는 확신했어요. 이제 일본의 패배는 멀지 않았고, 조선은 곧 해방될 것이라는 믿음이었죠. 그는 이제 행동해야 할 때가 왔다고 생각했어요. 비밀 단체를 만들어 조선의 독립을 준비해야 한다는 생각이었죠. 도쿄 방문 중에 우연히 미국의 공습을 목격한 그는 누구였을까요? 바로 한국의 유명한 독립운동가 #여운형이었어요.

최후의 국내 비밀 결사 '조선 건국 동맹'

여운형은 도쿄에서 돌아온 직후 일제 경찰에 구속됐어요. 미국의 도쿄 공습 이야기를 몇몇 친구들에게 전했다가, 유언비어 유포죄로 체포된 것이었어요. 그는 수개월이 넘도록 감옥에 갇혀 고생하다가 1943년 6월에야 겨우 풀려났어요. 이로 인해 조선의 독립을 준비하는 비밀 단체의 조직은 자연히 뒤로 밀릴 수밖에 없었죠.

하지만 그는 포기하지 않았어요. 얼마간 쉬면서 몸을 추스른 그는 그해 8월 민족주의자와 사회주의자를 한데 모아 비밀 단체를 만들었어요. '조선 민족 해방 연맹'이라는 단체였어요. 여운형은 자신의 인맥을 동원해 하나하나 조직을 확대해갔어요. 당시에는 공개적인 활동이 거의 불가능했고, 일제 경찰의 감시망이 곳곳에 퍼져 있었기 때문에 비밀 단체의 조직 작업은 느릴 수밖에 없었어요. 그는 1년 정도의 활동 끝에 중앙 조직과 지방 조직을 어느 정도 갖추게 됐어요.

1944년 8월 10일 여운형은 조직의 주요 지도자들을 모아 조직 개편을 제안했어요. 일제의 패망을 앞당기기 위해 결정적인 공격을 할 단체이자, 해방을 준비할 중심 단체를 결성하자는 제안이었죠. 중심 단체의 이름은 '#조선 건국 동맹'으로 정해졌어요.

이 단체의 최우선 목표는 민족의 힘을 하나로 모으는 것이었어요. 이를 위해선 먼저 국내 세력을 하나로 모을 필요가 있었죠. 조동호나 이림수 같은 중앙의 활동가들이 보따리장수로 위장해 전국을 다니며 중앙과 지방을 연결했어요. 지방에서는 과거에 신간회 지회에서 활동한 경험이 있는 이들이 책임자가 되어 조직을 관리했고요. 지방 조직의 이름은 동일한 조직인지 알 수 없도록 모두 다른 이름을 썼어요. 혹시 하나의 조직이 들통나더라도, 거기서 검거가 멈추도록 하기 위해서였죠. 문서를 남기지 않고, 조직에 대해 말하지 않으며, 자기의 이름을 말하지 않는다는 3대 규칙도 정해서 철저히 지켰어요.

　조선 건국 동맹의 가장 큰 특징은 중앙과 지방 조직 외에 계층별로도 조직을 구성했다는 점이에요. 즉 노동자·농민·청년·학생·여성 등 각 계층을 소그룹 형태의 여러 조직으로 묶어 활동하도록 한 거예요. 또 일본군에 끌려가길 거부한 학생·청년이나 노동자·농민들을 조직해 군사 훈련을 시키고, 결정적인 시기가 오면 움직일 수 있도록 준비하기도 했어요.

임시 정부에 불어온 변화와 발전의 바람

조선 건국 동맹이 국내의 힘을 하나로 모으고 있을 때 해외의 독립운동가들은 어떤 활동을 펼치고 있었을까요? 대한민국 임시 정부는 1932년부터 중국과 일본의 전투 지역 변화에 따라 8년간 힘겨운 이동 생활을 하다가, 1940년 충칭에 정착했어요. 그해에 임시 정부는 여러 개로 나뉘어 있던 정치 세력을 '한국 독립당'이라는 하나의 정당으로 통일하고, 김구를 주석으로 하는 강력한 단일 지도 체제를 탄생시켰어요. 이와 함께 윤봉길 의거 이후 시작된 중국 국민당 정부의 지원 아래 오랫동안 바라온 한인 부대를 창설하는 데도 성공했죠. '한국 광복군'이 그것이었어요.

임시 정부에 불어온 변화와 발전의 바람은 많은 사람들의 관심을 불러일으켰어요. 특히 미국의 한인 사회가 임시 정부에 큰 관심을 기울였죠. 그들은 다시 한번 한 푼 두 푼 돈을 모아 임시 정부를 돕기 시작했어요.

1941년 12월 이후에는 민족주의자와 사회주의자가 함께 조직한 '민족 혁명당'이 임시 정부에 합류했어요. 민족 혁명당의 부대인 '조선 의용대'는 한국 광복군에 합류했고요. 여기엔 중국 국민당의 압력이 크게 작용했다고 알려져 있어요. 민족 혁명당을 주도하고 있던 김원봉 세력은 임시 정부보다 먼저 국민당의 지원을 받고 있었거든요. 그런데 국민당이 임시 정부와의 통합을 요구하면서, 자금 지원을 임시 정부로 단일화하겠다고 해 어쩔 수 없이 통합하게 되었던 거예요. 민족주의자와 사회주의자가 함께한 민족 혁명당이 합류하면서, 이들과 같이 활동하던 사회주의 단체들도 임시 정부에 들어오게 됐어요.

결과적으로 #충칭의 임시 정부는 민족주의자와 사회주의자가 함께하는 정부가 됐어요. 이것은 임시 정부에 하나의 기회였어요. 임시 정부가 민족주의자와 사회주의자 모두를 품는 그릇이 됐으니, 이것을 활용한다면 모두가 함께하는 진정한 민족의 중심 세력이 될 수 있을 테니까요.

임시 정부는 민족의 대표 기관이라는 지위를 인정받기 위해 중국과 미국의 정식 승인을 받고자 노력했어요. 동시에 미국과 영국이 중심이 된 연합군과 힘을 합쳐 일제와 싸우려고 했죠. 하지만 안타깝게도 미국은 임시 정부를 인정해주지 않았어요. 그리고 한국 광복군의 참전도 미국 정보기관의 특수 작전에만 일부 허용했고요. 이것은 임시 정부의 미래가 그리 밝지 않다는 것을 보여줘요. 하지만 미래의 운명은 정해진 것이 아니었어요. 모든 것은 임시 정부가 하기에 달려 있었죠. 임시 정부가 진정한 민족의 대표 기관이 된다면, 한국 광복군이 대일전에서 큰 공로를 세운다면, 인정하고 싶지 않아도 미국은 임시 정부를 인정할 수밖에 없을 테니까요.

임시 정부는 자신의 지휘 아래 민족의 대단결을 이뤄야 했어요. 임시 정부는 다른 독립운동 세력과의 연합을 통해 목표를 이루고자 했죠. 특히 중국에는 임시 정부만큼 강력한 독립운동 단체가 또 하나 존재하고 있었기 때문이에요.

'조선 독립 동맹'과 '조선 의용군'

임시 정부가 연합을 하려고 했던 단체는 바로 '#조선 독립 동맹'과 그 산하의 군대 조직인 '조선 의용군'이었어요. 조선 독립 동맹은 1942년 7월 중국 화베이 지역의 사회주의자들과 민족주의자들이 함께 만든 조직이었어요. 이 단체는 등장과 함께 큰 관심을 받았어요. 이들이 유명해진 이유는 조선 의용군이라는 용맹한 군대가 있었기 때문이에요. 이 부대는 일본군의 공격으로 시작된 호가장 전투 등에서 용감히 싸워, 중국 공산당 지휘부의 안전한 후퇴에 큰 공로를 세우면서 널리 이름을 알렸죠.

원래 조선 의용군은 민족 혁명당 산하의 조선 의용대에서 갈라져 나온 사람들이 만든 부대예요. 의용대의 주력 부대원들이 실제 전투가 있는 곳에 가서 싸우겠다는 생각으로, 김원봉의 허가를 얻어 화베이 지방으로 올라가게 된 거죠. 조선 의용대의 대부분이 이동했으니 국민당의 압력이 없었다면, 김원봉도 곧이어 화베이로 이동했을지도 몰라요. 하지만 앞에서 살펴본 대로 중국 국민당의 압력을 받은 그는 화베이로 올라가지 않고, 충칭에 남아 임시 정부와의 통합을 선택했죠.

초기엔 화베이로 이동한 이들에 대해서도 김원봉의 지휘가 어느 정도 통했다고 해요. 이동한 이들 가운데 의열단 시절부터 함께했던 측근 윤세주가 있었기 때문이에요. 그를 통해 김원봉의 뜻이 충분히 전달 가능했던 거죠. 그런데 윤세주가 일본군과의 전투에서 사망하고, 시간이 갈수록 중국 공산당의 영향력이 강화되면서 이들은 점차 중국 공산당의 지휘를 따르는 조직으로 변화하게 됐어요. 이 무렵 중국 공산당 부대에서 포

청소년을 위한 해시태그 한국 독립운동사

병 장교로 활약했던 김무정이 조선 독립 동맹과 조선 의용군의 새로운 지도자가 됐어요. 이것이 바로 중국 공산당의 영향을 보여주는 증거라 할 수 있죠.

가능한 한 모든 세력을 결집시키려는 노력

조선 독립 동맹도 일본과의 싸움에 가능한 한 모든 세력을 결집시키기 위해 노력했어요. 이를 위해 조선 독립 동맹은 충칭 임시 정부와 접촉하는 한편, 조선에도 사람을 보내 함께할 사람을 찾아 나섰죠. 특히 조선 독립 동맹의 새로운 지도자 김무정이 찾고 싶었던 사람은 상하이에서 함께 활동한 적이 있던 여운형이었어요.

1944년 6월 김무정이 보낸 사람이 여운형을 찾아왔어요. 하지만 여운형은 그를 믿지 않았어요. 자신의 주변에는 언제나 일제가 보낸 밀정으로 넘쳐났기 때문이에요. 그해 9월 김무정이 보낸 사람이 다시 여운형을 찾아왔어요. 이번엔 김무정이 직접 쓴 편지를 가지고 왔죠. 여운형은 편지를 보는 순간, 그가 진짜 김무정이 보낸 사람이라는 사실을 알았어요. 여운형은 김무정의 글씨체를 기억하고 있었거든요.

조선에 있던 '조선 건국 동맹'과 중국에 있던 '조선 독립 동맹'은 이렇게 연결됐어요. 그들은 서로 의견을 나누고 일제와 싸울 방법을 구체적으로 논의했죠. 한편 충칭 임시 정부가 조선 독립 동맹에 대표를 파견하면서 이들도 서로 연결됐어요. 양측의 논의는 순조로웠어요. 이들은 서로의 존재를 인정하는 가운데 힘을 하나로 모을 방법을 모색하기 시작했어요. 아마도 시간이 흐르면 임시 정부와 조선 건국 동맹도 자연히 서로의 존재를 알게 될 거예요. 임시 정부와 조선 독립 동맹이 논의를 시작했으니, 곧 국내에 있는 조선 건국 동맹에 대한 정보도 서로 교환하게 될 테니까요.

항복과 해방

1941년 12월 일본이 태평양 전쟁을 일으키며 전쟁을 확대한 이후, 국내외의 거의 모든 독립운동 세력들은 독립을 획득하기 위한 하나의 방법을 갖게 되었어요. 일본이 미국·소련과 전쟁을 하는 결정적 시기가 오면 국외의 무장 부대가 국내 진공 작전을 펼치고, 국내의 독립운동 세력이 동시다발적인 무장봉기를 일으켜 독립을 성취하겠다는 것이었죠. 이 방법은 조선 건국 동맹도, 임시 정부도, 조선 독립 동맹도 모두 공감하고 있던 최후의 결전 방법이었어요.

특히 조선 건국 동맹은 조선 독립 동맹과 협의하면서 그 방법을 점점 더 구체화시켰어요. 이들은 국내에서 동시다발적으로 무장봉기를 일으킬 군대를 편성하기 위해 군사 위원회를 만들고, 각지에 책임자를 파견했죠. 여운형이 무장봉기를 일으킬 군대의 중심으로 생각한 것은 일본군에 끌려가길 거부한 학생이나 청년, 노동자나 농민이었어요. 만주에는 국내로 진격할 부대로 조선 독립군을 결성해, 조선 의용군 등 해외 군대와 연합 작전을 벌이고 국내 무장 폭동을 지휘하도록 했어요. 이와 함께 조선 건국 동맹은 결정적인 시기에 무기를 확보하기 위해, 일제의 무기 공장인 인천 조병창에 미리 조직원을 심어놓기도 했어요.

여운형은 1945년이 되자 전쟁이 최소한 1년 정도 더 진행될 것이라고 예상했어요. 미국은 1945년 3월 대규모 도쿄 공습을 실행해 일본 본토 상륙전이 얼마 남지 않았음을 예고했고, 일본군 역시 최후의 본토 방어전을 준비했기 때문이죠. 그러면 조선에서도 방어전이 시작될 것이 분명했어요. 우리가 독립을 쟁취할 결정적인 시기는 바로 그때였죠.

그러나 실제 역사는 그렇게 흘러가지 않았어요. 조선 건국 동맹과 임시 정부가 만나기 전에, 임시 정부와 조선 독립 동맹이 어떤 구체적 합의를 이루기도 전에 한반도는 해방됐어요. 히로시마와 나가사키에 떨어진 핵폭탄 두 발이 모두가 예상했던 일본 본토 상륙전을 없는 것으로 만들었기 때문이에요.

일본은 항복했고 우리 민족은 해방됐어요. 한반도는 기쁨과 환희가 넘쳐흘렀죠. 하지만 해방을 위해 싸웠던 사람들은 제대로 싸워보지도 못하고 얻게 된 독립에 무척 아쉬워했어요. 어떤 독립운동 세력도 한반도의 독립을 가져온 태평양 전쟁에서 결정적인 역할을 하지 못했어요. 그것은 어떤 독립운동 세력도 한반도에 서게 될 새 나라에서 주도권을 갖기가 힘들다는 의미였어요. 이것은 새로운 싸움이 시작됨을 의미했어요. 이제 독립운동 세력들은 한반도에 어떤 나라를 세울 것인지를 두고 경쟁해야 했어요. 새로운 싸움은 그렇게 시작됐어요.

조선을 뒤흔든
여학생들

여기 여학생들이 있어요. 조선을 뒤흔들었다고 해도 과언이 아닌 학생들이죠. 이들이 처음 대규모로 목격된 때는 3·1 운동 때였어요. 경성 여자 고등 보통학교에 다니던 최은희는 3월 1일 자기 학교 학생들과 함께 시위를 벌인 후, 고향인 황해도 배천에 돌아가서도 시위에 참가했다가 다시 체포됐죠. 한번 뜨거워진 가슴은 좀처럼 식지 않았던 거예요.

유관순도 최은희와 비슷한 경우예요. 유관순은 3월 5일 이화 학당 학생들과 함께 거리 시위에 참가했어요. 그리고 고향인 충청남도 병천에 돌아가서도 4월 1일에 있었던 시위에 참가했죠. 하지만 그날 그녀의 불행이 시작됐어요. 일제 경찰과 군대가 시위 대중을 향해 무차별 사격을 가했거든요.

그것은 학살이었어요. 유관순은 자신의 눈앞에서 아버

지와 어머니의 죽음을 목격해야 했어요. 그녀가 감옥에 갇혀서도 죽음을 무릅쓰고 투쟁을 계속할 수밖에 없었던 이유예요.

1929년 광주 학생 항일 운동 당시에도 여학생들의 활약은 대단했어요. 앞에서 얘기했었죠? 허정숙과 박차정 등 근우회 간부들의 지도를 받아, 여학교 학생들이 시위를 벌였다고요. 그들 중 여학교 연합 시위를 주동한 혐의로 체포된 여학생이 있었어요. 경성 여자 상업 학교에 다니던 송계월이 그녀였죠.

송계월은 13개 여학교 대표들을 모아 시위를 계획하고, 1월 15일부터 16일까지 이틀 동안 거리 시위를 벌였어요. 이때 거리에 나오는 데 성공한 학교는 남녀 중등학교 여섯 개였어요. 교사들에게 막혀 거리에 나오지 못했지만, 교내에서 시위를 한 학교는 18개 학교에 달했고요.

그 시위의 중심에 송계월이 있었어요. 일제 경찰이 그녀를 여학교 연합 시위의 주동자로 판단한 이유는 무엇일까요? 그건 바로 각 여학교의 대표들이 모두 그녀의 하숙집을 알고 있었기 때문이에요. 그녀의 집에 모여서 여학교 연합 시위를 모의했기 때문이죠.

이들 여학생들이 새로운 세상을 열었어요. 일제에 맞서 싸우면서 오랫동안 여성들을 억압하던 이 사회의 관습과

도 싸웠죠. 그렇게 조금씩 여성의 권리를 획득해나가며, 민
족 해방 투쟁에도 과감히 함께한 거예요.

여러분은 어떤 역사를
만들어갈 건가요?

1945년 8월 15일 정오, 일본 국왕이 라디오 방송을 통해 미국·영국 등 연합국의 요구를 받아들이겠다고 발표했어요. 사실상 전쟁의 패배를 인정하고 '항복'하겠다는 선언이었죠. 일본의 영토는 연합국의 요구에 따라 혼슈, 규슈, 시코쿠, 홋카이도로 축소됐어요. 이것으로 한반도는 일본의 식민 지배에서 영원히 해방됐어요. 꿈에도 그리던 해방이었죠.

사실 우리 민족의 독립은 1943년 11월 미국·영국·중국의 지도자가 참여한 카이로 회담에서 이미 결정됐어요. 이들 연합국 지도자들이 일본이 항복하면, 한반도의 독립을 보장하기로 결정했거든요. 연합국들이 일찌감치 우리 민족의 독립을 보장하게 된 이유는 그만큼 우리가 끊임없이 독립운동을 통해 세계

만방에 독립 의지를 분명히 표시했기 때문이에요.

우리 민족은 독립운동을 통해 자유와 평등, 그리고 민주주의를 꿈꿨어요. 그리고 해방을 통해 우리 손으로 직접 자유와 평등, 그리고 민주주의를 실현할 새로운 국가를 건설할 기회를 얻었죠. 하지만 한반도는 일본의 군대를 무장 해제하기 위해 들어온 미국과 소련, 두 나라의 군대에 의해 분할 점령되고 말았어요. 안타깝게도 우리나라 안의 정치 세력도 민족주의자와 사회주의자, 두 개의 세력으로 나뉘고 말았고요. 두 세력은 마음을 하나로 합하지 못하고 극심한 갈등을 겪었어요. 결국 두 세력은 자신들이 세우고자 했던 나라를 각각 만들게 되었습니다. 대한민국과 조선 민주주의 인민 공화국이 그것이었죠.

분단은 두고두고 우리의 발목을 잡았어요. 극심한 갈등 끝에 두 나라는 전쟁까지 벌였고, 이로 인해 많은 사람들이 죽고 다쳐야 했죠. 이후에도 두 나라는 끊임없는 경쟁을 통해 국력을 쓸데없는 곳에 낭비해야 했어요. 이건 지금도 마찬가지죠. 두 나라에는 독재자들도 나타났어요. 이들은 국민의 자유를 억압하고 민주주의를 심각하게 훼손했죠.

하지만 우리는 이 모든 것을 극복해냈어요. 그것은 3·1 운동 등 수많은 독립운동을 통해 전해져온 전통이 있었기 때문이에요. 그것은 바로 인간을 인간답게 살지 못하게 하는 억압에는 절대로 참지 않는다는 것이었어요. 우리는 1960년 4·19 혁명과 1980년 5·18 민주화 운동, 1987년 6월 민주 항쟁을 통해 독재자들을 몰아내고 민주주의를 바로 세웠어요. 그 힘이 바로 우리를 오늘날의 우리로 만들었던 거예요. 이것이 바로 우리가 '한국 독립운동의 역사'를 배워야 하는 이유입니다.

오늘도 역사는 계속되고 있어요. 그리고 민주주의는 끊임없이 도전받고 있죠. 많은 권력을 갖기 위해 국민의 자유와 권리를 훼손하는 권력자가 나타나기도 합니다. 앞으로의 역사는 모두 우리의 몫이에요. 여러분은 어떤 역사를 만들어갈 건가요?

「간도 십오만원 사건, 최계립 회상기」(1958. 6. 15), 『이인섭과 독립운 동자료집 Ⅳ』, 독립기념관, 2011.

강영심·김도훈·정혜경, 『1910년대 국외항일운동 Ⅱ – 중국·미주· 일본』, 독립기념관 한국독립운동사연구소, 2008.

고등법원 형사부, '大正10年刑上第42,43號 判決(全洪燮 등 4 인)'(1921. 4. 4), 『해외의 한국독립운동사료(ⅩⅡ): 러시아篇(2) 독립 군의 수기』, 국가보훈처, 1995.

고정휴, 「대한민국 임시정부의 성립과정에 대한 검토」, 『한국근현대 사연구』 12, 한국근현대사학회, 2000.

고정휴, 「대한민국 임시정부의 통합정부 수립운동에 대한 재검토」, 『한국근현대사연구』 13, 한국근현대사학회, 2000.

광주학생독립운동동지회 편, 『광주학생독립운동사』, 사단법인 광주 학생독립운동동지회, 1996.

국사편찬위원회, 『한국독립운동사 자료 6』, 국사편찬위원회, 1976.

국사편찬위원회, 『한국독립운동사 자료 7』, 국사편찬위원회, 1978.

기광서, 「1940년대 전반 소련군 88독립보병여단 내 김일성 그룹의 동향」,『역사와현실』 28, 한국역사연구회, 1998.

김경태, 「1920년대 전반 소작쟁의의 확산과 '4할 소작료' 요구」,『사림』 55, 수선사학회, 2015.

김광재, 「일제시기 상해 인성학교의 설립과 운영」,『동국사학』 50, 동국대학교 동국역사문화연구소, 2011.

김도형, 「전명운의 생애와 스티븐스 처단의거」,『한국독립운동사 연구』 31, 한국독립운동사연구소, 2008.

김동우,『몽우리돌의 바다 – 국외독립운동 이야기』, 수오서재, 2021.

김성민,『1929년 광주학생운동』, 역사공간, 2013.

김성호, 「민생단사건과 만주 조선인 빨치산들」,『역사비평』 51, 역사비평사, 2000.

김영범,『한국 근대민족운동과 의열단』, 창작과비평사, 1997.

김원룡,『재미한인 50년사』, 혜안, 2004.

김희곤 편,『박상진자료집』, 독립기념관 한국독립운동사연구소, 2000.

김희곤,『대한민국임시정부 연구』, 지식산업사, 2004.

김희주, 「대한광복단 연구」, 동국대학교 박사학위 논문, 2003.

님 웨일즈·김산,『아리랑』, 동녘, 2005.

도산기념사업회 편,『안도산전서(중) – 언론·자료편』, 범양사, 1990.

독립운동사편찬위원회,『(독립운동사자료집 11) 의열투쟁사자료집』, 독립유공자사업기금운용위원회, 1976.

민덕식, 「민긍호 의병장의 생애와 활동」, 『의암학연구』 10, 한국의암 학회, 2013.

박중훈, 「고헌 박상진의 생애와 항일투쟁활동」, 『국학연구』 6, 국학연 구소, 2001.

박찬승, 「1924년 암태도 소작 쟁의의 전개과정」, 『한국근현대사연 구』 54, 한국근현대사학회, 2010.

박태원, 『약산과 의열단』, 백양당, 1947.

박환, 「러시아 연해주에서의 안중근」, 『한국민족운동사연구』 30, 한 국민족운동사학회, 2002.

반병률, 「대한국민의회의 성립과 조직」, 『한국학보』 46(13권 1호), 일 지사, 1987.

반병률, 「간도15만원사건의 재해석」, 『외대사학』 12, 한국외국어대 학교 역사문화연구소, 2000.

반병률, 「안중근과 최재형」, 『역사문화연구』 33, 한국외국어대학교 역사문화연구소, 2009.

반병률, 「홍범도(1868~1943)의 항일무장투쟁에 대한 재해석」, 『국 제한국사학』 창간호, 국제한국사학회, 2013.

반병률, 『홍범도 장군: 자서전 홍범도 일지와 항일무장투쟁』, 한울아 카데미, 2019.

배경식, 『식민지 청년 이봉창의 고백』, 휴머니스트, 2015.

변은진, 「일제 말 비밀결사운동의 전개와 성격」, 『한국민족운동사연 구』 28, 한국민족운동사학회, 2001.

변은진, 「일제말(1937~45) 청년학생층의 국내외 항일운동세력에 대한 인식」, 『한국학논총』 33, 국민대학교 한국학연구소, 2010.

서중석, 『신흥무관학교와 망명자들』, 역사비평사, 2001.

성강현, 「군대 해산 과정에서의 서소문전투 연구」, 『동학학보』 38, 동학학회, 2016.

신용하, 「신민회의 창건과 그 국권회복운동(상)」, 『한국학보』 8, 일지사, 1977.

신용하, 「신민회의 창건과 그 국권회복운동(하)」, 『한국학보』 9, 일지사, 1977.

신주백, 「김일성의 만주항일유격운동에 대한 연구」, 『역사와 현실』 12, 1994.

신주백, 「봉오동전투, 청산리전투 다시 보기」, 『역사비평』 127, 역사비평사, 2019.

신흥무관학교기념사업회·민족문제연구소 편, 『원병상 관련 자료집』, 민족문제연구소, 2015.

심철기, 『근대전환기 지역사회와 의병운동 연구』, 선인, 2019.

심철기, 「『대한제국의 비극』에 나타난 1907년 의병전쟁과 의병」, 『한국민족운동사연구』 103, 한국민족운동사학회, 2020.

역사학연구소 편, 『한국 공산주의 운동사 연구』, 아세아문화사, 1997.

염인호, 『김원봉연구』, 창작과비평사, 1993.

오영섭, 『(한국독립운동의 역사 14) 한말 순국·의열투쟁』, 한국독립운동사편찬위원회·독립기념관 한국독립운동사연구소, 2009.

와다 하루끼,『김일성과 만주항일전쟁』, 창작과비평사, 1992.

왕현종,「1907년 이후 원주 진위대의 의병 참여와 전술 변화」,『역사 교육』96, 역사교육연구회, 2005.

윤경로,『105인사건과 신민회 연구』, 한성대학교출판부, 2004.

윤대원,『상해시기 대한민국임시정부 연구』, 서울대학교출판부, 2006.

윤덕영,「신간회 창립 주도세력과 민족주의세력의 정치 지형」,『한국 민족운동사연구』68, 한국민족운동사학회, 2011.

윤덕영,「신간회 초기 민족주의 세력의 정세인식과 '민족적 총역 량 집중'론의 제기」,『한국근현대사연구』56, 한국근현대사학회, 2011.

윤병석,『(한국독립운동의 역사16) 1910년대 국외항일운동Ⅰ-만주· 러시아』, 한국독립운동사편찬위원회·독립기념관 한국독립운동사 연구소, 2009.

윤효정,「신간회 운동 연구」, 고려대학교 박사학위 논문, 2017.

이균영,『신간회연구』, 역사비평사, 1993.

이만규,『여운형 투쟁사』, 민주문화사, 1946.

이성우,「광복회연구」, 충남대학교 박사학위 논문, 2007.

이준식,「항일무장투쟁과 당건설운동」,『일제하 사회주의운동사』, 한 길사, 1991.

이준식,『(한국독립운동의 역사 43) 조선공산당 성립과 활동』, 한국독 립운동사편찬위원회·독립기념관 한국독립운동사연구소, 2008.

이현주,「3·1 운동 직후 국민대회와 임시정부 수립운동」,『한국근현대사연구』6, 한국근현대사학회, 1997.

이현주,『한국 사회주의 세력의 형성』, 일조각, 2003.

임경석,『한국 사회주의의 기원』, 역사비평사, 2003.

임경석,『잊을 수 없는 혁명가들에 대한 기록』, 역사비평사, 2008.

임경석,『(한국독립운동의 역사 42) 초기 사회주의운동』, 한국독립운동사편찬위원회·독립기념관 한국독립운동사연구소, 2008.

임경석,『독립운동열전 1: 잊힌 사건을 찾아서』, 푸른역사, 2022.

임경석,『독립운동열전 2: 잊힌 인물을 찾아서』, 푸른역사, 2022.

장석흥,『안중근의 생애와 구국운동』, 독립기념관, 1992.

장세윤,「1920년 봉오동전투와 청산리독립전쟁의 주요 쟁점 검토」,『재외한인연구』54, 재인한인학회, 2021.

전명혁,『1920년대 한국사회주의 운동연구』, 선인, 2006.

정병준,『몽양 여운형 평전』, 한울, 1995.

정병준,「암태도소작쟁의 주역의 세 가지 길: 서태석·박복영·문재철」,『한국민족운동사연구』51, 한국민족운동사학회, 2007.

정병준,『(한국독립운동의 역사 56) 광복 직전 독립운동세력의 동향』, 한국독립운동사편찬위원회·독립기념관 한국독립운동사연구소, 2009.

정제우,「죽암 전명운 연구」,『한국독립운동사연구』10, 한국독립운동사연구소, 1996.

조동걸,「대한광복회의 결성과 그 선행조직」,『한국학논총』5, 국민대학교 한국학연구소, 1982.

조동걸,「대한 광복회 연구」,『한국사연구』42, 한국사연구회, 1983.

조범래, 『(한국독립운동의 역사 27) 의열투쟁 II-한인애국단』, 한국독
　　립운동사편찬위원회·독립기념관 한국독립운동사연구소, 2009.

조한성, 『한국의 레지스탕스』, 생각정원, 2013.

조한성, 『만세열전』, 생각정원, 2019.

최계립, 「간도 15만원 사건에 대한 40주년을 맞으면서」(1959. 1),
　　『해외의 한국독립운동사료(XII): 러시아篇(2) 독립군의 수기』, 국
　　가보훈처, 1995.

최성환, 「암태도 소작쟁의의 참여 인물과 쟁의의 특징」, 『도서문화』
　　56, 국립목포대학교 도서문화연구원, 2020.

한국역사연구회·전남사학회 공편, 『광주 학생운동 연구』, 아세아문
　　화사, 2000.

한규무, 『(한국독립운동의 역사 41) 광주학생운동』, 한국독립운동사편
　　찬위원회·독립기념관 한국독립운동사연구소, 2009.

한홍구, 「상처받은 민족주의 - 1930년대 간도에서의 민생단 사건과
　　김일성」, 워싱턴대학교 박사학위 논문, 1999.

홍영기, 『(한국독립운동의 역사 11) 한말 후기의병』, 한국독립운동사편
　　찬위원회·독립기념관 한국독립운동사연구소, 2009.

황민호, 「동북항일연군의 민족운동사적 성격」, 『한국민족운동사연
　　구』 26, 한국민족운동사학회, 2000.

황민호, 『(한국독립운동의 역사 22) 3·1운동 직후 무장투쟁과 외교활
　　동』, 한국독립운동사편찬위원회·독립기념관 한국독립운동사연구
　　소, 2008.

황민호, 「청산리전투에 관한 연구 성과와 과제」, 『한국민족운동사연

구』105, 한국민족운동사학회, 2020.

황선익, 「일본군의 한성점령과 군대 해산」, 『서울과 역사』 104, 서울
역사편찬원, 2020.

황용건, 「항일투쟁기 황옥의 양면적 행적 연구」, 『안동사학』 13, 안동
사학회, 2008.

청소년을 위한 해시태그 한국 독립운동사

초판 1쇄 발행 2023년 2월 28일
초판 3쇄 발행 2024년 4월 26일

지은이 | 조한성

발행인 | 박재호
주간 | 김선경
편집팀 | 강혜진, 허지희
마케팅팀 | 김용범
총무팀 | 김명숙

디자인 | 석운디자인
일러스트 | 최경식
교정교열 | 고아라
종이 | 세종페이퍼
인쇄·제본 | 한영문화사

발행처 | 생각학교
출판신고 | 제25100-2011-000321호
주소 | 서울시 마포구 양화로 156(동교동) LG 팰리스 814호
전화 | 02-334-7932 팩스 | 02-334-7933
전자우편 | 3347932@gmail.com

ⓒ 조한성 2023

ISBN 979-11-91360-63-9 (43910)